SOCIÉTÉ DES AUTEURS ET COMPOSITEURS
DRAMATIQUES

TRICENTENAIRE DE MOLIÈRE

RECUEIL DES DISCOURS PRONONCÉS

A L'OCCASION DES FÊTES

DU TROISIÈME CENTENAIRE DE MOLIÈRE

JANVIER 1922

PARIS

LES ÉDITIONS G. CRÈS ET Cⁱᵉ

21, RUE HAUTEFEUILLE, 21

TRICENTENAIRE DE MOLIÈRE

(1622-1922)

SOCIÉTÉ DES AUTEURS ET COMPOSITEURS
DRAMATIQUES

TRICENTENAIRE DE MOLIÈRE

RECUEIL DES DISCOURS PRONONCÉS
A L'OCCASION DES FÊTES
DU TROISIÈME CENTENAIRE DE MOLIÈRE
JANVIER 1922

PARIS
LES ÉDITIONS G. CRÈS ET Cⁱᵉ
21, RUE HAUTEFEUILLE, 21

IL A ÉTÉ TIRÉ A PART
VINGT EXEMPLAIRES SUR
VÉLIN PUR FIL LAFUMA,
DONT CINQ HORS COMMERCE,
NUMÉROTÉS DE I A 15 ET
DE 16 A 20

AVANT-PROPOS

La Société des Auteurs et Compositeurs dramatiques a revendiqué l'honneur de publier tous les discours qui furent prononcés à l'occasion des fêtes du tricentenaire de Molière. L'on trouvera en ce volume l'émouvante réunion de tous les hommages qui furent adressés par l'univers entier à la mémoire immortelle de l'auteur du Misanthrope.

Il nous a semblé, en effet, que ce pieux devoir appartenait à la Société qui, remontant à Beaumarchais, et réunissant l'unanimité des auteurs et des compositeurs français, avait sans doute plus que toute autre, la mission de célébrer la gloire de notre grand comique.

ROBERT DE FLERS,
de l'Académie Française,
Président de la Société des Auteurs
et Compositeurs dramatiques.

· **14 JANVIER 1922**

Cérémonie de la Sorbonne.

DISCOURS DE M. PAUL APPELL

Membre de l'Institut, recteur de l'Université de Paris.

L'œuvre de Molière ne se circonscrit pas dans les limites du temps et de l'espace; elle est adéquate à la vie, non pas seulement à la vie d'une époque et d'une société, mais à la vie de tous les âges. Elle exprime le passé, le présent et, dans la mesure où l'homme de demain sera l'héritier de l'homme d'hier ou d'aujourd'hui, elle exprime l'avenir.

Elle est la plus riche en leçons, la plus instructive qu'aucun peuple ait produite. Elle est telle parce qu'elle contient une philosophie qui, sans être théoriquement très haute, va pratiquement jusqu'au plus profond de la réalité. Elle ne repose sur aucun à priori, sur aucun idéal arbitraire. Elle tire sa force et sa beauté de la vérité seule. Et par là, jeunes gens, aujourd'hui plus que jamais, elle vous convient à vous. Elle vous convient, car en ces heures sombres que vous avez connues et dont les ténèbres ne sont point encore dissipées, elle vous enseigne la confiance et l'amour de la vie, non point en la peignant superficiellement aimable et gaie, mais en montrant que dans un monde où luttent le bien et le mal, les forces saines et naturelles l'emportent tôt ou tard sur les forces mauvaises, sur toutes les déviations intellectuelles et morales.

C'est moins la cruauté des événements sur lesquels notre volonté demeure souvent impuissante que nos erreurs, nos vices, les multiples dépravations de notre esprit et de notre cœur qui rendent la vie malheureuse et triste; dans cette tristesse nul n'a pénétré plus avant que l'auteur du *Misanthrope* et du *Malade imaginaire*. Quant à la comédie, tantôt douloureuse, tantôt ridicule, où tant de nous s'agitent lamentablement, Molière nous apprend qu'elle peut avoir de beaux dénouements pour quiconque y joue son rôle avec droiture et bon sens en suivant les lois de cette raison qui, en dépit de maintes critiques, demeure le ferme garant de la justice et de la vérité, la sûre directrice de notre conduite.

DISCOURS DE M. ÉMILE FABRE

Administrateur général de la Comédie-Française.

Jetons un coup d'œil sur son œuvre et nous verrons se refléter, dans ce vaste miroir, la figure même de la France.

Ses qualités sont d'abord un robuste bon sens, que ne troublent ni les raisonnements spécieux, ni les paradoxes et qui, d'un seul coup d'œil, discerne le vrai du faux, le bien du mal. Qui est pourvu de ce bon sens ne cède ni aux égarements de l'imagination ni aux illusions des sens, un instinct secret le guide dans les circonstances obscures et douteuses et lui permet de se diriger sûrement à travers les méandres de la morale et les complications du devoir.

Dans le domaine purement humain, si je puis dire, le bon sens commande d'accepter la vie et les hommes, sans demander à l'une plus de bonheur qu'elle n'en peut donner, aux autres plus de vertus qu'ils n'en peuvent avoir. Et cette soumission aux événements, cette façon de prendre les hommes comme ils sont, à la manière de Philinte, n'est point, comme on serait tenté de le croire tout d'abord, la marque d'un esprit faible et lâche, mais plutôt d'un esprit philosophique et réaliste. S'adapter à la vie, composer avec le destin, quand la révolte est vaine, tirer des événements malencontreux parfois, que des puissances inconnues assemblent sur nos têtes, tout ce qu'ils peuvent contenir encore d'utile pour nous, voilà le signe de la Sagesse; c'est de ce signe que sont marqués certains personnages de Molière, ses raisonneurs notamment, qui semblent être les véritables dépositaires de sa pensée.

Mais cet équilibre d'esprit que rien ne trouble, cette disposition naturelle à rire plutôt qu'à s'indigner de la bêtise humaine et de l'injustice du sort, ce flegme enfin, ne font pas de Molière un cœur indifférent et sec. Il a des haines vigoureuses.

De ces haines, la plus forte, vous le savez, est celle qu'allument en lui toutes les hypocrisies. On le voit bien dans *Don Juan* et dans *Tartufe*. Ici encore, Molière traduit bien un sentiment particulier à cette nation, plus indulgente à un vice qui s'étale qu'à un défaut qui se cache. Il a la haine aussi de toutes les tyrannies; c'est pourquoi vous trouverez si souvent dans son œuvre cette condamnation des mœurs et des usages qui restreignent ou oppriment la liberté individuelle. Dans ce conflit maintes fois présenté par lui qui met aux prises les filles et les pères, à l'heure du mariage, sa raison l'avertit que la loi naturelle laisse aux seuls enfants le droit de décider de leur sort et que tout ce que l'on entreprend, à ce moment, contre leur liberté, au nom des intérêts et des convenances, n'est qu'un acte criminel.

D'autres marques encore du génie de Molière, et semble-t-il aussi du génie de la race française, ce sont le goût et la mesure.

Mais d'ailleurs, malgré cette vue désenchantée sur l'humanité, nul pessimisme. Au contraire, répandue sur tout ce théâtre, une gaîté jamais tarie. C'est un rire éclatant, qui de scène en scène, d'acte en acte, se répercute en échos sonores, le rire, qui est le propre des hommes que la vie n'effraie pas, qui est indice de santé morale, de force morale, le signe d'une justesse d'esprit qui saisit les ridicules, les travers, et s'en divertit plutôt que de s'en indigner.

Voici donc, au moins dans ses traits essentiels, la physionomie de l'incomparable écrivain que nous célébrons aujourd'hui.

Vieille maison sans doute, mais faite de matériaux solides fournis par toutes les provinces de France : pierres tirées des entrailles de notre sol, bois coupé dans nos hautes forêts. Comme les membres des anciennes corporations, en bons ouvriers, des générations de comédiens se sont succédé et ont travaillé là, pour rendre la demeure plus confortable et mieux ornée. Elle est debout depuis plus de deux siècles. Quand on franchit ses portes, il semble que tel Énée au seuil des Champs-Élysées, on soit environné par la foule des ombres illustres : l'ombre pensive de Molière, l'ombre sereine de Corneille, l'ombre tourmentée de Racine, les ombres légères de Marivaux et de Beaumarchais. Ce sont là nos dieux lares, ce sont nos génies tutélaires. Nous les honorons chaque jour, nous ne les séparons pas dans notre dévotion. Le sacrifice que nous offrons à l'un d'eux aujourd'hui s'adresse à tous, et sa flamme illumine et dore les murs de la vieille maison d'une gloire nouvelle.

DISCOURS DE M. EDMOND HARAUCOURT

Président de la Société des Gens de Lettres.

Il sait tout, et sourit quand même, comme la terre clémente dont il est né et qu'il traduit; il est le cousin de Montaigne et des anges de Reims qui nous offraient sous le portail le sourire de leur indulgence. Aussi bien qu'eux, il a vu défiler tous les péchés, toutes les grimaces; il sait le peu que nous valons, mais encore mieux il sait le peu que nous pouvons, et sa philosophie ne nous demande rien au delà du possible.

Il ne nous propose pas, comme Corneille, l'héroïsme intégral, et pas davantage il n'éclate de rire, comme Rabelais, devant la niaiserie ou les vices du monde. Voltaire a plus de verve, et La Fontaine perçoit mieux les clairs parfums de la nature; mais l'un se réfugie dans les bois, l'autre dans les sarcasmes, et tous les deux se détournent de la misère qu'ils dénoncent; Molière se penche vers elle.

Il est sans fiel ni rancune; ses indignations ne durent qu'un moment; à peine s'est-il fâché que déjà il se radoucit, et, tout près de l'oreille, il nous parle à mi-voix, fraternellement, pour se faire écouter, loyalement pour nous aider, et gaiement pour ne pas pleurer. Car en arrière de son sourire, on devine des larmes qu'il nous cache. S'il flagelle moins fort que d'autres, c'est parce qu'il a souffert plus qu'eux. Il peine en son esprit par l'homme, et par la femme il peine dans son cœur; mais, en dépit de ce qu'il endure, il persiste à aimer, il reste tendre, il a pitié : pitié de lui-même qui saigne et de ceux qui le font saigner à cause des griffes qu'ils ont, pitié de tout, puisque tout est misère. Il n'en dit rien ou peu de chose, par une pudeur sentimentale, mais on sent qu'il a pardonné, et sa raillerie est tout émue d'une bonté qui sort de sa douleur.

Une fois pourtant il avouera, et un mot jaillira de lui, un mot qu'on n'avait plus prononcé sur la terre depuis dix-sept cents années, que Dante a failli proférer, mais qu'on attend toujours depuis que la promesse en est tombée du Golgotha. Vainement, depuis lors, les siècles de luttes et de tortures se succédaient pour ravager la vie, et quand la charité chrétienne s'inclinait vers une détresse, elle disait : « Pour l'amour de Dieu! » Molière est le premier qui dise : « Pour l'amour de l'humanité! »

DISCOURS DE M. ROBERT DE FLERS

de l'Académie française,
Président de la Société des Auteurs
et Compositeurs dramatiques.

La Société des Auteurs et Compositeurs dramatiques ne pouvait rester étrangère à cette solennité. J'apporte en son nom au génie de Molière
l'hommage de notre admiration, de notre dévotion.
C'est une entreprise téméraire que de glorifier
celui dont un contemporain disait déjà qu'il était
« l'homme le plus grand de son siècle ». C'est Boileau qui a écrit cette petite phrase-là et à cause
d'elle nous lui pardonnons bien des choses. Comment
ne craindrions-nous pas, en nous adressant à la
grande ombre, de la voir sourire? Comment oublierions-nous, quelle que soit l'effusion de notre piété,
que Molière a été l'immortel railleur de l'esprit de
cérémonie et qu'il a allumé sur les bonnets pointus
toutes les petites bougies de la satire et de la fantaisie. Comment ne redouterions-nous pas que,
brusquement, il réclamât, comme dans le *Sicilien,*

l'entrée des masques vêtus en maures et chargés de
« terminer la comédie en dansant devant le séna-
teur ».

En y réfléchissant plus avant, j'imagine pourtant
que Molière n'eût point souri au spectacle d'une
telle assemblée. Il avait dans le cœur trop de tendresse délicate, dans l'esprit trop de grâce sensible,
dans le goût du succès trop de sincérité et de modestie à la fois pour ne point s'émouvoir devant ce
grand hommage. Oh! sans doute, il eût bien essayé de se dérober, car il était timide. Il se serait
retiré, mais pas très loin, jusqu'à la place d'où il
écoutait ses pièces lorsqu'il ne les jouait pas lui-
même. Qui sait? Il est peut-être là.

Je suis sûr qu'il n'est pas seul et qu'il a réuni
autour de lui, afin qu'ils prissent leur part de son
apothéose, ses souvenirs préférés — il savait si
bien choisir : celui de ce grand-père qui avait la
bonté de le mener à la comédie et de ne point mal
parler des comédiens; celui du grand roi bienveil-
lant à son effort et sur le visage épanoui duquel la
coiffe de Mme de Maintenon ne projetait pas encore
son ombre; celui de ses amis fidèles, le souvenir
raisonnable et raisonneur de Despréaux, le souvenir bonhomme de La Fontaine, le souvenir
bonne-femme de La Forest, le souvenir à peine
aigri de Jean Racine qui ne fut point toujours pour
lui le meilleur des compagnons, la confraternité,
dès le XVIIe siècle, ayant déjà commencé d'affirmer

ses droits; le souvenir de Madeleine Béjart qu'il aima si tendrement; le souvenir d'Armande Béjart qu'il aima. C'est vers ce souvenir-là sans doute qu'il se penche de préférence et peut-être, en ce moment même, murmure-t-il tout bas : « Regardez tous ces gens assemblés, Armande, ils sont venus pour moi, ils sont donc venus pour vous. Nous allons écouter ce qu'ils vont dire et j'avoue pour ma part en avoir quelque curiosité. Il est fort concevable que leur embarras soit extrême puisqu'ils n'ont point le moyen de songer à se taire dans le moment même où le silence leur paraîtrait le plus enviable des bienfaits. Mais il est contre la coutume de France de demeurer coi lorsque les grands de l'État daignent se rendre en quelque lieu. Si l'on ne prend pas soin, sur l'heure, de leur tenir un long discours, incontinent ils le tiennent eux-mêmes et ne le quittent point qu'ils n'y soient forcés par quelques circonstances contraires. Néanmoins, étant celui pour qui se fait toute l'affaire, si l'on me demandait mon avis là-dessus, je répondrais à chacun de ceux qui ont l'obligeance de me vouloir célébrer : « Ne vous échauffez point tant l'esprit et cessez de le tourmenter pour dire de beaux mots. Le siècle que vous traversez vous dispense de ce zèle. Vous vivez sous un président de la République ennemi de la fraude et vous connaissez des mœurs où la bienséance s'accommode de simplicité. Ne vous allez pas aviser de négliger une si aimable liberté. C'est un haut étage de sens commun que la faculté de dire directement les choses telles qu'on les pense, et le devoir des honnêtes gens est de s'y attacher furieusement. Si donc j'eus la fortune de montrer quelque mérite dont on se souvient encore, le mieux n'est-il pas, sans vaine recherche, de m'en faire la confidence? Il n'y est besoin ni de pompe, ni d'apparat. La crainte de tous les excès, la mesure et le bon goût y trouveront leur avantage. De la sorte, après avoir de mon vivant triomphé de tant d'attaques et de tant d'épreuves, après avoir résisté aux embûches de la vanité, il me sera peut-être encore permis, s'il plaît à Dieu, de résister aux fêtes de mon troisième centenaire. »

Il est fort évident, Messieurs, qu'il est aisé de faire parler une ombre, — si grande soit-elle — les ombres, si l'on peut dire, ont bon dos et elles ont une patience de l'autre monde. Il n'est pas du tout invraisemblable pourtant que Molière nous eût donné ces sages conseils. Il se fût contenté d'y ajouter la marque de son génie. La familiarité se mêlant au respect ne lui aurait point déplu. Il ne repousse aucun hommage, même le plus modeste, même le plus humble. Il a du génie pour tous, il a de la bonté pour chacun et il semble dire sans cesse : « Laissez venir à moi les petits auteurs. » Comment ne profiterions-nous pas d'une telle indulgence?

En présence d'une gloire si éclatante, n'est-il

point plus raisonnable et plus pieux aussi, de recevoir ses rayons plutôt que d'analyser le spectre
de sa lumière ? Molière n'a-t-il pas eu suffisamment
à souffrir de tous les commentateurs déchaînés,
de tous les glossateurs impénitents, de tous les scoliastes en mal de contradictions, de tous les critiques échenilleurs de gloire, de tous ceux enfin
dont Théophile Gautier disait qu'ils se mêlent
de ce qui ne les regarde point. Celui-ci prétend que
Molière disparaît derrière son œuvre alors qu'il y
est tout entier ; celui-là recherche des ancêtres
à ses personnages alors qu'ils n'ont que des descendants. Certes, combien de beaux thèmes s'offriraient à nous si le moment n'était point celui d'admirer plutôt que d'expliquer et d'aimer plutôt que
de juger. Qu'il nous suffise d'évoquer le miracle de
Molière. Dans le siècle où l'ordre va jusqu'à la rigueur, et le goût de la symétrie jusqu'à la manie,
son génie fait éclater les cadres et met les vieilles
règles en fuite. Son art prodigieux par sa solidité,
sa profondeur et sa franchise, supplée à tout ce qu'il
néglige et, sans y prendre garde, atteint à l'universalité. A la voix de Molière, à cette voix sévère et
joyeuse à la fois, à cette voix qui flagelle, raille,
bafoue, mais qui aussi guérit, console et pardonne,
les parterres à la française perdent leurs ifs et leurs
buis taillés sans pour cela perdre leurs roses. La
forêt envahit le jardin. L'artifice du jardinier s'évanouit devant la puissance du créateur. Tout le

monde factice, apprêté, frelaté des belles écouteuses, des petits-maîtres et des plus petits écrivains se sauve en désordre, emportant en hâte ses éventails, ses fards et ses grimoires; les naïades regagnent leurs coquilles, les déesses leur empyrée; les masques tombent, les visages apparaissent : voici les hommes.

Déciderons-nous à présent en quoi consiste la philosophie de Molière, jusqu'où il poussa le souci de moraliser, s'il eût dessein de mélanger les genres, quel degré de prédominance il assigna aux droits de la nature, quel juste ou injuste milieu il entendit tenir entre les doctrines des cartésiens, des jansénistes et des libertins ? Ce sont là sans doute autant de vastes sujets qui auraient besoin du concours de tous les maîtres et peut-être bien aussi de celui de quelques élèves. Perdican n'avait-il point raison de répondre simplement à son vieux précepteur qui lui posait mille doctes questions à propos d'un brin d'héliotrope : « Je n'en sais pas si long, mon révérend, je trouve que cette fleur sent bon, voilà tout. » Ne pouvons-nous pas dire à notre tour : « Nous n'en savons pas si long, mes révérends, nous savons seulement que le génie de Molière est le plus grand du monde et voilà tout. »

Aussi bien Molière est-il une sorte de dieu dont le culte se passe d'intermédiaire. Rien n'est plus facile que d'entrer en communication directe avec lui. Il n'y a qu'à l'aller trouver. On n'a pas besoin de se faire présenter. On l'écoute, on lui parle, si l'on croyait avoir le moyen de suivre ses conseils, on lui en demanderait. Son accueil est si simple, si obligeant. Il suffit de le regarder pour l'aimer. Il ne fait point de manières. Il a son habit de tous les jours. Il porte la chemise ouverte sur le cou. Il penche un peu la tête afin de mieux regarder, de mieux comprendre, de mieux excuser. Le coin des lèvres est un peu plissé pour un sourire. Est-il ce sourire plus proche de la joie ou plus proche des larmes? On ne sait au juste. Il est prêt à tout. Nul visage n'est plus grave ni plus sensible. On ne lui cache rien peut-être parce que l'on sait qu'il va tout deviner. On lui avoue ses faiblesses et ses travers, non seulement comme au plus parfait des maîtres, mais aussi comme au plus sûr des amis. Molière, c'est le meilleur des grands hommes.

Un jour d'hiver, le 15 janvier 1622, la boutique d'un tapissier, rue Saint-Honoré, qui porte sur son enseigne le nom de Jean Poquelin. La maison fournit Sa Majesté, ce qui lui assure une bonne clientèle bourgeoise. Le patron semble préoccupé. Il a ses raisons. Sa femme est en train de donner le jour à un enfant, ce qui cause toujours quelque dérangement, même chez un tapissier. Il faut néanmoins qu'il continue à recevoir les visiteuses, mais sans doute les laisse-t-il marchander plus que de coutume. D'un pas agité, il va d'un meuble à l'autre. Voici le fauteuil à oreilles qu'achètera Argan; voici les tabourets où s'assiéront les petits marquis du

Misanthrope pour faire leur cour; voici la bonne table de chêne à tapis retombant sous laquelle Orgon se cachera. Soudain, la boutique reprend son train coutumier. L'enfant est né : c'est Jean-Baptiste Poquelin; ce sera Molière. Cette année-là, Paris aura eu de belles étrennes.

Un jour d'hiver, le 17 février 1673, Molière se sent très las. Il n'a plus que la force de porter son mal. Il doit jouer le soir, pour la quatrième fois, le *Malade imaginaire*. Armande, avec laquelle il est réconcilié depuis quelques mois, veut l'empêcher de se rendre au théâtre. Il ira, il y va. L'intérêt de sa troupe, « de sa chère troupe d'animaux », comme il disait, l'exige. En faisant un douloureux effort, il joue les deux premiers actes. Voici la cérémonie. Au premier *juro* il est pris d'une convulsion. Mais il a la force de dissimuler, et, de son rictus, il tire un effet comique, le dernier. Le rideau vient de baisser. Molière se sent envahir par un froid mortel. Baron lui prête son manchon et fait avancer sa chaise qui le reconduit chez lui, rue Richelieu. Le mal empire. Maintenant, il crache le sang à pleine bouche. Il réclame Armande. Elle n'arrivera que trop tard, tout occupée du soin d'obtenir l'assistance d'un prêtre qui refuse de venir. Si la Religion s'abstient, le Sacrifice et la Douceur sont déjà là. Deux petites sœurs quêteuses sont au chevet de Molière. Il les aidait à vivre. Elles vont l'aider à mourir. Il agonise. Peut-être de ses yeux qui se ferment cherche-t-il encore Armande. C'est en vain. Les petites sœurs l'entourent de leurs bras. Ainsi la Charité, en se penchant, lui cacha que l'Amour n'était pas là.

Entre ces deux moments extrêmes se développe l'existence la plus simple, la plus émouvante, toute traversée de luttes et de victoires, de doute et d'enthousiasme, de joies ardentes et de chères tristesses.

C'est peut-être bien grâce à ces circonstances que la mémoire de Molière a connu ce bonheur merveilleux : l'immortalité n'a point modifié son visage. Elle n'y a point ajouté une seule ride ; elle n'y a point figé une seule expression. En passant à la postérité, Molière a gardé son intimité, sa libre allure, la bonne grâce de son accueil. Il n'a pris soin ni de peigner sa perruque, ni d'ajouter un ruban à son habit. Il est venu comme il était, en voisin.

Beaucoup d'hommes illustres restent en quelque sorte tout seuls dans leur gloire et n'ayant personne à qui parler, ils finissent par s'y ennuyer et, à cause de cela même, par devenir ennuyeux. Les sculpteurs qui se sont abattus sur eux, et les discours officiels qu'on leur a infligés semblent les avoir définitivement attristés. Ce ne sont plus que des grands noms qui demeurent, des syllabes qui ont eu de la chance. Mais Molière, lui, ne nous apparaît pas isolé dans son apothéose. Ses personnages l'entourent et mêlent leurs propos aux siens. Il les aime trop pour avoir voulu se séparer d'eux. Ils sont tous là. Le visage d'Alceste est si près du sien que, parfois, ils se confondent. Célimène s'approche, toujours à la mode; Harpagon estime qu'elle fait bien de la dépense; Agnès l'admire et s'apprête à lui ressembler tout en acceptant le billet que lui glisse Horace; Arnolphe surveille; Scapin ne parvient pas à le distraire; Argan évite son frère ; Amphitryon apprend la mythologie; Don Juan a peur d'avoir vieilli ; M. Jourdain plaisante les nouveaux riches; Tartufe, d'Elmire s'est rabattu sur Bélise; Arsinoé descend de sa chaise; Cathos et Madelon font avancer les commodités de la conversation, et au milieu de tout ce peuple dont chaque geste a gardé le mouvement de la vie et chaque parole le son de la vérité, Molière se dresse comme le grand témoin de l'humanité qui, pour la suite des siècles et sous la foi du génie, fait sa déposition.

L'œuvre de Molière appartient au monde, son esprit appartient à la France, mais son âme — et c'est notre joie et notre fierté de le proclamer — son âme n'appartient qu'au théâtre. Il la lui a donnée. Grâce à cet incomparable présent, il a communiqué à deux professions, odieusement dédaignées, celle d'auteur et celle de comédien, l'éclat et la dignité qu'on leur refusait. Par là, il a mis à sa vraie place l'art comique. Il a détruit ce préjugé bu'il suffit de ne pas rire pour être sérieux : il a imposé au monde le respect du rire. Aussi le théâtre, le théâtre tout entier, de tous ses masques et de tous

ses visages, de toutes ses frises et de tous ses por-
tants, de toutes ses chimères et de toutes ses vérités,
de toutes ses faiblesses et de toutes ses grandeurs,
s'exalte et s'incline devant celui qui fut son rédemp-
teur et son martyr et qui lui donna, pour sa gloire
la plus haute et pour son immortel orgueil, le génie
de son esprit et le sang de son cœur.

DISCOURS DE M. MAURICE DONNAY

De l'Académie française.

Je n'étais pas le seul, l'autre soir, au Théâtre-
Français, qui fût venu pour Molière. La salle était
remplie du bas jusqu'au haut; on jouait l'*Avare*,
et, tandis que j'écoutais ce dialogue plein, nuancé,
savoureux, honnête où l'on découvre, à chaque fois,
des raisons nouvelles de son plaisir et de son admiration, je pensais avec une humilité véritable à
l'honneur qui m'était échu de parler aujourd'hui
d'un tel homme, dans des circonstances aussi
imposantes et au nom de l'Académie française,
dont il ne fut pas.

Et je rêvais, parfois on rêve tout éveillé, que
ce n'était pas dans cet amphithéâtre immense de
la Sorbonne que je lui rendais hommage, mais dans
une salle plus petite, plus ancienne, plus chargée
de traditions et surmontée d'une coupole. Là, des
personnes qui s'étaient précipitées dès l'ouverture
des portes se pressaient depuis une heure, se ser-

raient sur les banquettes mal rembourrées. J'étais au bureau entre M. le secrétaire perpétuel et M. le chancelier; dans le vestibule, à côté, les derniers coups sourds des tambours venaient de résonner. A la place habituelle du récipiendaire se tenait un homme de taille moyenne, qui promenait sur l'assemblée des regards tranquilles. Il était coiffé d'une longue perruque; il portait un haut-de-chausses et un habit de velours noir, ornés de rubans verts. Alors, bien que ce ne fût pas l'usage, je me levais et, me tournant vers lui, avec une émotion que je n'avais jamais ressentie, je lui disais :

« Monsieur,

« Nous ne vous avons pas demandé de dire votre remerciement; c'est nous, au contraire, qui vous remercions d'avoir bien voulu, oubliant l'oubli surprenant commis par nos lointains prédécesseurs, prendre place parmi nous. Car j'imagine qu'environ 1666, vous aviez déjà fait représenter l'*École des maris*, l'*École des femmes*, les trois premiers actes de *Tartufe* ou *Tartufe* en trois actes, et le *Misanthrope*.

« Oui, j'imagine qu'après le *Misanthrope*, ces lointains prédécesseurs auraient pu vous juger *dignus, dignus intrare in nostro docto corpore*. Mais vous étiez comédien, et même vous aviez été comédien ambulant, et le temps n'était pas loin que l'Église dans ses Rituels, nommait encore les comédiens « avec les excommuniés, prostituées, concubinaires, usuriers, sorciers et toutes personnes manifestement infâmes ». Et puis, votre verve railleuse et indignée s'exerçait contre tous les ridicules et tous les vices, contre les précieuses, les marquis, les pédants, les médecins, aussi contre les faux dévots, les hypocrites, les imposteurs. Pourtant le Roi vous protégeait ouvertement, et vous lui rendiez sa protection en comédies galantes et héroïques ou en petites comédies farces les plus agréables du monde, avec des intermèdes et des divertissements, si bien qu'une grande partie de votre œuvre pourrait avoir pour titre : *le Roi veut s'amuser*. Mais il peut arriver, même sous un régime autocratique, que la rancune, la méchanceté, la haine soient plus royalistes que le roi; sans compter l'envie, la jalousie, qui sont aussi des facultés de l'âme. Tout cela fait, Monsieur, que vous ne devîntes pas le confrère de MM. Ballesdens, Dongat, de la Chambre, de Bourzeys et de quelques autres dont les lumières ne sont pas arrivées jusqu'à nous.

« Et je ne vous dirai pas : « Vous êtes né, Mon« sieur, en 1621; fils et petit-fils de tapissiers, etc. » Je me rends bien compte du comique qui, aux yeux d'une personne comme vous, se dégagerait de ces révélations. Mais, du moins, puis-je vous apprendre ce qui s'est passé quant à vous et à vos ouvrages depuis le moment que, dans votre chambre, après la quatrième représentation du *Malade imaginaire*, vous rendîtes le dernier soupir entre les bras de deux sœurs religieuses. Oh! rassurez-vous, je ne vous raconterai pas tout : ce serait trop long! Vous seriez effrayé par la masse de recherches, de commentaires et de jugements auxquels on s'est livré, à cause de vous et de votre théâtre. Vous seriez étonné des intentions qu'on vous a parfois prêtées. Ah! Monsieur, les commentateurs! et quelle pièce vous auriez faite, si ç'eût été possible, avec certains moliéristes! Celui-ci, parce que don Juan donne un louis d'or au pauvre Francisque « pour l'amour de l'humanité », admire que vous ayez prévu la philosophie du XVIIIe siècle, et même Jean-Jacques Rousseau, un homme sensible, dont les idées eurent des prolongements considérables. Un autre commentateur remarque des affinités entre la bonne Mme Jourdain et... devinez qui? Je vous le donne en mille... Sancho Pança! Un nommé Voltaire, qui cependant ne manquait pas d'esprit, vous reproche d'avoir écrit l'*Étourdi* dans le style Louis XIII; il y rencontre des incorrections, des mots surannés, et vous fait à peu près la querelle que Bélise fait à Martine, « à cause qu'elle manque à parler Vaugelas ». S'il n'y avait que cela! Mais on s'est occupé de votre vie privée : avez-vous épousé la sœur ou la fille de votre grande amie, Madeleine Béjart? Avez-vous été heureux en ménage? Ou bien Armande fut-elle très méchante avec vous?

Faut-il donc savoir tant de choses? Moi-même, après être tombé dans cette curiosité dont je m'excuse, j'ai découvert que tous ces renseignements et toutes ces indiscrétions ne sont pas nécessaires pour bien goûter et comprendre vos comédies. Tenez, Monsieur, depuis quelques jours, à l'occasion de votre tricentenaire, on vous joue chaque soir, à la Comédie-Française, un beau théâtre où l'on joue aussi, de temps en temps, vos contemporains, MM. Corneille et Racine. Eh bien! c'est une grande leçon de voir la manière dont le public, tout le public, à toutes les places, réagit, comme nous disons aujourd'hui, à vos pièces. Les spectateurs, pour la plupart, ne se demandent pas si Tartufe était gras ou maigre, janséniste ou jésuite! Ils savent seulement que le personnage n'est pas très catholique, et contre ce personnage redoutable et affreux de l'*Imposteur*, tous les cœurs se gonflent de la colère et du dégoût qui gonflaient votre propre cœur et que vous exprimiez avec votre génie. Et quand ils voient, ces spectateurs, se dérouler dans un langage magnifique et par des sentiments sincères la lutte d'Alceste contre Célimène, d'un honnête homme bien épris contre une coquette fieffée, ils ne se demandent pas si c'est « votre histoire » avec Armande. Ils s'intéressent, ils s'émeuvent, et voilà tout. Et si, après le *Misanthrope*, on donne les *Fourberies*, ils ne s'alarment pas, comme votre ami Boileau, du sac ridicule où Scapin s'enveloppe. Et les

spectateurs plus avertis, ceux qui ont fait des études,
ne s'alarment pas davantage. Ils admirent au contraire la souplesse de votre invention, la fertilité
de votre imagination, les ressources inépuisables
de vos dons, votre ingéniosité, votre générosité
et cette jeunesse incroyable qui vous permet, à la fin
de votre carrière, malgré vos maladies, vos infor-
tunes, vos souffrances physiques et morales, de retrouver, quand il vous plaît, la fantaisie avec laquelle vous écriviez vos premières comédies.

« Mais, dans la *Critique de l'École des femmes*,
une petite pièce qui n'est pas la moins significative
parmi les meilleures de votre théâtre, parce que, sans
vous soucier d'intrigue amoureuse, de complica-
tion, de dénouement, vous avez osé, le premier,
faire parler des personnages pour exprimer seulement des idées, ce qui est d'un grand artiste, ne nous
avez-vous pas proposé vous-même quelques principes pour juger vos ouvrages? Et c'est vous qui
avez raison. « La grande règle de toutes les règles
« est de plaire, et une pièce de théâtre qui a attrapé
« son but a suivi un bon chemin. » Il suffit de voir
votre public en ce moment. Il rit, il s'amuse; il
se laisse « aller de bonne foi aux choses qui le pren-
« nent par les entrailles et ne cherche point de rai-
« sonnements pour s'empêcher d'avoir du plai-
« sir ». Même les délicats, que rien ne saurait sa-
tisfaire, se déclarent satisfaits. Au parterre, aux
galeries, on vous admire, on vous aime; tout le

monde est très content. Car en même temps qu'on vous admire, on vous aime, Monsieur, et voilà l'explication de votre renommée et de votre gloire. Un grand critique, Sainte-Beuve, a écrit à votre sujet une page célèbre. « Aimer Molière, c'est... « et un développement; aimer Molière c'est... « et un développement; aimer Molière, c'est... » A mon tour je dirai : Aimer Molière, c'est... c'est l'aimer tout simplement. Oui, on a de la sympathie pour vous, Monsieur, de l'amitié, de la tendresse; on vous aime, chacun pour des raisons personnelles auxquelles s'ajoutent, en France, des raisons françaises, et, en tous lieux, des raisons universelles. »

DISCOURS DE M. LÉON BÉRARD

Ministre de l'Instruction publique et des Beaux-Arts.

Si l'on voit peu de ministres disposés à faire rire le peuple, selon la remarque du Persan de Montesquieu, il ne s'en est point trouvé pour méconnaître combien il importe que le peuple ait parfois occasion de rire; et ceux qui gouvernent se montrent en tout temps fort obligés au poète comique de ce qu'il veut bien se charger à leur place d'entretenir la gaîté dans l'État. C'est sans doute une des causes de cette sorte de faveur politique qui s'est attachée depuis trois siècles à la comédie de Molière. On en pourrait découvrir de plus particulières et de plus variables, selon les circonstances, et aux divers moments de l'histoire. L'admiration de Bonaparte pour le *Misanthrope* n'est certainement pas de même essence que celle de Camille Desmoulins, qui tint Alceste pour un « jacobin », Philinte pour un « feuillant achevé ». Et de toutes les tutelles d'État qui se soient exercées sur la gloire de notre poète, la plus désintéressée et comme la plus fertile en bienfaits décisifs, c'est Louis XIV qui en aura assumé le soin. Il serait injuste, alors que nous célébrons le génie de Molière, de ne point saluer celui qui fut le premier à le discerner. Si la France a pu recevoir d'une troupe de province le plus grand de ses écrivains dramatiques, elle le doit pour une bonne part au jugement littéraire d'un de ses rois. Lorsque ce souverain a su dénouer la querelle de Tartufe en dépit de la principale puissance d'opinion qu'il y eût en son temps, il a donné un exemple de dextérité politique dont un gouvernement d'opinion est singulièrement apte à comprendre la valeur et la difficulté. C'est selon la vérité de l'histoire qu'il nous convient d'honorer une mémoire aussi haute que celle de Molière. Le présent ne saurait s'opposer au passé, ni le méconnaître, devant un génie qui s'est merveilleusement accordé à la vocation même de l'esprit français.

Des morceaux tels que la préface de *Tartufe* et le discours du père de don Juan, suffiraient à nous assurer que, s'il se fût mêlé de convertir les protestants ou d'attaquer les jésuites, Molière eût apporté dans les grands débats du siècle la flamme, le rythme, le ton et l'accent de Bossuet ou de Pascal. Ce n'est point méconnaître son originalité incomparable que de lui faire place dans le groupe des écrivains classiques. Il fut excellemment de son temps, par l'essentiel de ses goûts et de ses directions intellectuelles. Comme il ne lui est pas permis de s'occuper des choses du gouvernement et que les choses de la nature n'ont pas encore été découvertes, le XVIIe siècle se consacre à l'étude de l'homme. Il traite de l'homme en général : ce qui suppose une grande connaissance de beaucoup d'hommes en particulier. Dans les descriptions qu'il en fait, le souci de la vérité universelle n'exclut pas l'exactitude du détail observé et l'idée générale relève de plus d'un trait satirique son allure noblement oratoire. Aucun genre littéraire ne s'interdit cette curiosité du cœur humain et ce goût de l'analyse morale ; et ceux-là n'y ont pas le moins cédé, qui furent le plus rigoureux à Molière et représentaient, avec la cour, la seule critique que le théâtre eût à redouter en ce temps-là.

Si Célimène a suivi les Carêmes et les Avents de Bourdaloue — et ne doutons pas qu'elle y fût exacte — elle aura très vivement goûté les portraits dont le sévère jésuite ornait la probe et solide architecture de son discours. Elle a dû se plaire à cette transposition oratoire d'un art qui était précisément le sien, aux intentions près. Il n'est pas impossible qu'Alceste vieilli et converti se soit trouvé dans l'église des Carmélites du faubourg Saint-Jacques, le jour où l'évêque de Meaux y prononçait l'oraison funèbre de la princesse Palatine. Avec quelle sérénité de cœur, ou avec quel attendrissement secret n'aura-t-il pas entendu le moraliste sacré blâmer ces « veuves jeunes et riantes que le monde trouve si heureuses » et dont la vie dissipée ferait croire que le veuvage est regardé « non plus comme un état de désolation, car ces mots ne sont plus connus, mais comme un état désirable où on n'a plus à contenter que soi-même»... « État désirable » semble peut-être un peu sévère à Alceste, et il aura su gré à Molière de n'avoir pas noirci de ce trait l'image de celle qu'il aima. Certaines audaces des prédicateurs n'étaient pas encore permises aux auteurs dramatiques; et les deux genres, par ailleurs, demeuraient aussi opposés qu'il convient à la nature des choses. Les esprits, cependant, étaient pénétrés des mêmes disciplines; toutes les avenues de l'intelligence avaient été tracées de telle sorte que ceux qui s'y engageaient ne pouvaient manquer de se rencontrer en quelque endroit.

Quelques heureuses licences qu'il se soit données quant aux règles, Molière doit à cet art ce qui constitue la structure de son œuvre. L'ordonnance et la simplicité du sujet, dans ses comédies, la composition et le développement sont d'un classique de stricte observance. Il y a ajouté ce qui n'était qu'à lui : le don prodigieux de voir l'invisible dans l'homme et de composer des figures vivantes en ne décrivant que le monde intérieur. Ses personnages, à l'ordinaire, se révèlent par ce qu'ils disent autant que par ce qu'ils font. Il y a plus de conversations que d'événements dans plusieurs de ses chefs-d'œuvre. Le mouvement, les revirements, l'intérêt dramatique y tiennent à l'opposition des caractères et au jeu même des passions de l'âme. Nous dirions qu'il a joué toutes les difficultés s'il n'était plus simple et plus juste de reconnaître qu'avec un génie créateur, qui le place au sommet de l'humanité, il a possédé une connaissance achevée et une expérience complète du plus difficile et du plus captivant de tous les arts.

On s'est demandé, tout récemment encore, si les personnages que Molière a créés ne seraient pas plus réels et plus vivants, s'il avait pris soin de leur donner une profession, un état civil, un signalement social. Curieuse et antique controverse, dont tous les éléments doivent se rencontrer en quelque chapitre d'Aristote! Le théâtre n'a-t-il pas pour fonction de faire carrément concurrence à « la vie »? Mais ce qui est selon « la vie » peut-il toujours se plier aux lois du théâtre? Mais « la vie » ne joue-t-elle point parfois en littérature un rôle très semblable à celui des « humeurs » et des « vapeurs » dans la pathologie de Diafoirus et de Macroton?

Pour sortir de difficulté, en ce débat, les théories sont d'un moindre secours que l'expérience et le bon sens. L'homme vivant et réel offre presque toujours une complexité et une inconstance de caractère que le théâtre ne saurait exactement repro-

duire et dont il ne peut au surplus s'accommoder.
Célimène, dans Molière, est à peine plus âgée que
sa petite sœur Agnès. Parmi les transports de ses
adorateurs, elle ne ressent guère « certain je ne sais
quoi » dont sa cadette se déclare « tout émue » à
la première galanterie qui lui soit dite. Elle a traversé on ne sait quel mariage dont il semble qu'elle
n'ait rien à oublier pour la simple raison qu'il ne
lui a rien appris. Elle est la coquetterie, elle est surtout la vanité et la médisance spirituelle. Beaucoup
moins uni et fort différent a dû vous apparaître
dans la vie le personnage de Célimène. Balzac lui
avait donné licence d'être jeune et coquette fort
au delà du terme fixé par Molière; et le siècle s'est
montré envers elle, d'environ deux lustres, plus
libéral que Balzac. Cette particularité sociale n'est
pas sans avoir grandement influé sur le développement de son caractère. Elle unira peut-être le bel
esprit et l'ambition à la coquetterie; il y aura, en
Célimène, des traits de Philaminte; dans son salon,
Alceste se heurtera quelque jour à plus de penseurs
et de philosophes sociaux, que d'hommes du monde
et de soupirants. Vous pouvez imaginer enfin
qu'elle recevra, dans la vie, un châtiment plus exemplaire qu'au théâtre. Elle finira par aimer. Un
homme viendra qui vengera tous les hommes que
Célimène a bernés ou fait souffrir. Après avoir repoussé celui qu'elle ne valait pas, elle donnera sa
foi à celui qui est indigne d'elle. Elle épousera, si

l'on veut, quelque Clitandre de mauvais aloi :
dénouement exact et banal comme un fait divers.

C'est tout justement de ces épisodes successifs,
vrais et insignifiants que l'art ne saurait se satis-
faire. Il n'y a dans l'histoire et, si l'on peut dire,
dans le caractère de Célimène, qu'un moment à
retenir pour l'art dramatique, celui que Molière
a retenu et décrit. C'est le moment où elle se plaît
à susciter des querelles entre ceux qui l'aiment, en
faisant croire à chacun que c'est lui qu'elle préfère.
C'est le moment où elle est aimée d'un homme pas-
sionné et lucide, sincère jusqu'à la manie, qui s'attache, semble-t-il, d'autant plus ardemment à elle
qu'il a le vif sentiment de tout ce qui devrait l'en
détourner. De ce qui lui était dicté par la vie, l'art
de Molière n'a choisi et gardé que l'essentiel;
et il a peint une femme universellement vraie, en
même temps qu'il exprimait, avec la grandeur des
tragiques, la fatalité de l'amour.

Si l'on essaye d'imaginer les changements que
le temps et les mœurs auraient apportés aux types
qu'il a composés, on n'en éprouve que mieux la
vérité profonde de ses créations. Diafoirus et ses
confrères ne sont point seulement des médecins
qui n'ont pas eu la bonne fortune de venir après
Laënnec et Pasteur; ce sont encore et plus essen-
tiellement peut-être des esprits infatués et médiocres qui manient des hypothèses et raisonnent
en termes savants sur des idées fausses. Ils reste-

ront vrais aussi longtemps que la logique n'aura pas redressé tous les esprits et que la science n'aura pas pénétré le déterminisme de tous les phénomènes. Eût-il changé de masque et de dévotion, nous reconnaîtrons Tartufe. Et si Vadius faisait profession de décrier le grec et le latin, nous n'en demanderions pas moins que l'on continuât de l'embrasser pour l'amour de ce qu'il méprise.

16 JANVIER 1922

———

**Déjeuner offert aux Délégués étran=
gers par la Société des Auteurs
et Compositeurs dramatiques.**

N.-B.— Les discours des Délégués étrangers sont donnés
dans l'ordre du protocole.

DISCOURS DE M. ROBERT DE FLERS

De l'Académie française,
Président de la Société des Auteurs
et Compositeurs dramatiques.

La Société des Auteurs et Compositeurs dramatiques avait le cher devoir de fêter Molière. Nous nous sommes demandé, non sans perplexité, je vous l'avoue, de quelle manière il serait le plus convenable de célébrer son illustre mémoire.

Nous avions songé d'abord à demander à l'Administrateur général de la Comédie-Française de nous autoriser à venir sur la scène saluer le public en nous mêlant aux artistes de la Maison. Mais il y aurait eu là de délicates questions de préséance pour lesquelles le protocole aurait mis en vain, à notre service, sa compétence et son enjouement. Quelques-uns avaient discuté ensuite le projet d'un souper, mais on nous objecta qu'un repas nocturne n'était point dans les habitudes de Molière, qui suivit si longtemps un régime lacté. En fin de compte, nous nous avisâmes qu'il était peut-être inutile de chercher 1622 à 14 heures et, après des discussions aussi sérieuses qu'approfondies, nous en vînmes à concevoir cette idée assez rare, assez neuve, assez originale : déjeuner.

Notre idée était bonne, puisqu'elle nous vaut, ce matin, l'honneur et la joie d'accueillir fort simplement, mais de tout notre cœur, les délégués venus des quatre coins du monde et qui nous prouvent que si Molière appartient à la France par toutes ses racines, ses branches et ses rameaux s'étendent sur l'univers entier.

Il a permis à chacun de vous de choisir dans son œuvre les bouquets que vous préfériez et voici qu'aujourd'hui, pour notre plus grand orgueil et notre plus grande émotion, vous les lui rapportez.

Nous saluons la délégation belge, M. le professeur Wilmotte, de l'Université de Liége, directeur de l'Académie belge, et notre confrère, M. Dumont-Wilden, si dignes, l'un et l'autre, de représenter le glorieux pays qui, après avoir été celui du bien-vivre, devint, dès que son honneur le lui commanda, le pays du bien-mourir.

Nous saluons la délégation de Grande-Bretagne, M. Binyon, conservateur du British-Museum; M. Cloudesley Brereton, de l'Université de Cambridge; M. Walkley, l'éminent critique dramatique du *Times*. Nous savons, Messieurs, que, dès les premières heures tragiques de 1914, vous avez été de ceux qui ont voulu que la patrie de Shakespeare fît cause commune avec celle de Molière. Après cela, vous assurer de notre gratitude me paraît bien inutile.

Nous saluons la délégation d'Italie, qui n'a pas tort de penser que Molière lui appartient un peu et qui n'a pas oublié, à l'heure opportune, que nous avions à défendre un même trésor d'art et de traditions. M. le professeur Toldo, de l'Université de Bologne, moliériste justement réputé, et M. Diégo Angeli, ami fervent et éclairé des lettres françaises.

Nous saluons la délégation des États-Unis, M. Walter Berry, président de la Chambre de Commerce franco-américaine; M. Paul Van Dyke, directeur de l'Union universitaire américaine; M. le professeur Adolphe Cohn, de l'Université de Colombia; M. Chatfield Taylor, dont la biographie de Molière fait autorité de l'autre côté de l'Océan.

En venant dire, à l'heure fixée : « Molière, nous voilà ! » vous nous avez prouvé, Messieurs, que vos intellectuels sont aussi exacts que vos soldats.

Nous saluons les délégués espagnols, l'illustre romancier Blasco Ibanez qui, pendant la guerre, en écrivant son œuvre fameuse *les Quatre Cavaliers de l'Apocalypse*, nous a donné l'approbation précieuse d'une haute conscience et d'un grand talent. Joignons à son nom celui du peintre célèbre, Beltran y Masses. Nul n'est plus qualifié que vous, Messieurs, pour enlever les quelques petits morceaux de Pyrénées qu'on aurait pu oublier par mégarde.

Nous saluons Mlle Hélène Vacaresco, déléguée de la Roumanie, qui a mis dans ses beaux vers tout l'amour de son beau pays, dont j'ai entendu plus d'un soldat rendre le dernier soupir, en murmurant : « Nous mourons pour la Roumanie et pour la France. »

M. de Castro, délégué du Portugal, directeur du *Diario*, qui a su si bien assembler deux choses qui ne sont pas toujours réunies : un grand journal et un beau talent; M. Merejkowski, délégué de Russie, dont le nom et les livres sont célèbres chez nous; les délégués de Pologne, MM. Jelinski, de l'Université de Cracovie, et notre confrère, M. Sigismond Zaleski; le délégué de Perse, M. Saleh Kahn, docteur en droit de notre Faculté, si sympathique à notre culture et à nos mœurs, qu'il lui arrive peut-être parfois de se dire tout bas : « Comment peut-on ne pas être Parisien. »

Nous saluons la délégation yougo-slave, le professeur Ibrovatz et le professeur Arnaoutovitch, de l'Université de Belgrade. Aimer votre pays, Messieurs, c'est aimer cette poésie supérieure de l'action qui s'appelle l'héroïsme.

Nous saluons la délégation tchéco-slovaque, M. Jelinek, traducteur acclamé de Molière; le professeur Fischer qui, à la mode de chez nous, est à la fois critique et auteur dramatique. Quel meilleur témoignage à donner de l'amitié de votre pays pour le nôtre que celui-ci : depuis huit jours, les théâtres de Prague ont joué dix pièces de Molière.

Nous saluons la délégation de Suède, M. le professeur Staaf, de l'Université d'Upsal, et M. Tor Hedberg, homme de lettres, ancien directeur du Théâtre Royal, et qui, malgré les violences de la propagande germanique, eut le courage, en pleine guerre, d'afficher des pièces françaises; la délégation norvégienne, qui unit au nom de l'illustre romancier Bojer, membre de notre Société des Gens de Lettres, et que guette, avec sa vieille jalousie, la Société des Auteurs dramatiques, le nom du professeur Trampe-Bodtker, de l'Université de Christiania, l'un des élèves chéris de Gaston Paris; la délégation de Suisse, M. de Reynold, professeur à l'Université de Berne; M. Bouvier, professeur de l'Université de Genève, dont l'esprit et le cœur n'ont cessé en notre faveur de rompre la neutralité; la délégation de Danemark, le comte Brockenhuus-Schack, intendant général du Théâtre Royal à Copenhague, ancien maréchal de la Cour, directeur des Musées royaux; M. Michaëlis Sophus, président de la Société des Gens de Lettres danois; M. Paul Nielsen, homme de lettres et comédien. Le prince Hamlet, qui était neurasthénique, pensait qu'il y avait quelque chose de pourri dans le royaume de Danemark. Messieurs, vous nous prouvez le contraire.

Nous saluons la délégation des Pays-Bas. Nous savons, monsieur le professeur Valkhoff, de l'Université d'Utrecht ; monsieur le professeur Jean Walch, de l'Université de Leyde ; monsieur Van Leeuven, traducteur de Molière en néerlandais, nous savons avec quel zèle et quel talent vous vous êtes dévoués à la culture des lettres françaises. Du moins, Messieurs, voilà ce que l'on dit de vous, dans la Gazette de Hollande.

Nous saluons la délégation autrichienne. M. Wildgans, directeur du Burg-Théâtre où tant des nôtres ont été représentés, et M. Raoul Auernheimer, le grand critique viennois si attentif à notre littérature. Nous sommes heureux, Messieurs, de vous adresser l'expression amicale de notre confraternité retrouvée. Comment ne point se réconcilier le plus sincèrement et le plus joliment du monde lorsqu'on peut se tendre la main à l'ombre rayonnante de Molière ?

Nous saluons... mais je crains, Messieurs les Délégués, que vous n'ayez envie de m'interrompre et de vous écrier : Quand donc aura-t-il tout salué ?...

Laissez-moi pourtant dire notre remerciement et notre gratitude à MM. les Ministres, Chargés d'affaires ou Délégués de la République Argentine, de la Bolivie, de la Bulgarie, du Chili, de la Chine, de la Colombie, de la République Dominicaine, de l'Esthonie, de la Finlande, de la Géorgie, de la Grèce, d'Haiti, de la Hongrie, du Japon, de la Lettonie, de Liberia, du Luxembourg, du Mexique, du Nicaragua, du Paraguay, du Pérou, du Salvador, du Siam, de l'Uruguay et du Venezuela.

Me voici au bout de la liste. Avouez-le, Mesdames et Messieurs, même pour le plus illustre des auteurs dramatiques, c'est une belle distribution.

Personne n'aura l'idée de s'étonner que dans une réunion organisée par des hommes de théâtre, la modestie ne soit pas obligatoire. Il ne nous sera donc pas défendu de faire cette hypothèse que, parmi les fêtes dédiées à Molière, c'est peut-être à celle-ci qu'il se fût rendu le plus volontiers. Il n'y eût trouvé aucun apparat, aucune solennité ni aucun buste. C'est si triste cette sorte de mutilation officielle qu'on appelle un buste. Parmi les représentants des grands corps de l'État, qui nous ont fait l'honneur de s'asseoir à cette table, il n'en est aucun avec lequel Molière se fût senti en délicatesse. Et aucun de vous, Messieurs, n'est en droit d'avoir à son égard la moindre susceptibilité.

Je vous prie de remarquer, monsieur le Ministre, que Molière n'a jamais dit de mal ni des ministres, ni des Béarnais, il s'est rattrapé sur les Limousins. Il n'eut pas manqué de se réjouir qu'un homme de votre qualité présidât à son troisième centenaire, non seulement parce que vous respectez la Constitution, ce qui est certes honorable, mais surtout parce que vous respectez la langue française, ce qui est beaucoup plus difficile. Je vous prie de remarquer, mon Général, que Molière ne s'est jamais permis la moindre ironie à l'égard des militaires. Il est vrai que Mascarille et Jodelet se vantent d'avoir emporté une demi-lune, et même une lune tout entière, au siège d'Arras, mais ce sont là des plaisanteries de civils de l'arrière. Je vous prie de remarquer, monsieur le premier Président, et vous aussi, monsieur le Bâtonnier de l'ordre des avocats, que Molière n'a jamais raillé ni la magistrature, ni le barreau. C'est du centenaire de Racine qu'il faudra vous méfier. Je vous prie de remarquer, monsieur le Préfet de police, que Molière, lui, n'a jamais dépeint avec malveillance les embarras de Paris. C'est au centenaire de Boileau qu'il vous faudra prendre garde. Je vous prie de remarquer, monsieur le Recteur de l'Académie de Paris, que Molière s'est moqué des philosophes, mais jamais des mathématiciens, peut-être bien parce que, s'il avait constaté le néant des systèmes et des doctrines, il n'avait jamais été bien sûr — et ce fut la grande tristesse de sa vie — qu'un et un fissent toujours deux.

Molière, assuré de ne point rencontrer ici la Faculté de Médecine, se fût donc senti fort à l'aise et je crois surtout qu'il eût été heureux et touché d'y retrouver ses chers comédiens.

Il les aimait si fidèlement et si profondément

qu'après avoir vécu pour eux, il voulut encore mourir un peu à cause d'eux. Son existence tout entière leur est dédiée. Les rudes années de province, les protections accordées, puis retirées, les cabales des petits-maîtres et des dévots ; Madeleine : la confiance, le bonheur négligé, puis perdu ; Armande : le soupçon, la jalousie, la trahison, la douleur, et puis la maladie, et puis la mort. Toutes les étapes de ce destin, il les accepta pour l'amour du théâtre comme s'il se fût douté que de ce long sacrifice, si tendrement consenti et renouvelé, devait résulter, un jour, la rédemption des comédiens. Si le chemin qu'a suivi Molière n'était pas celui d'un calvaire, il ne serait pas monté si haut. Aussi Molière ne nous pardonnerait-il pas de ne pas associer à sa gloire la grande Maison qui porte son nom, ainsi que tous ceux et toutes celles qui, chaque soir, ont l'honneur de le servir. Nous ne saurions oublier celles qui l'interprétaient hier et que nous avons la joie d'avoir parmi nous : une incomparable Armande, une inoubliable Agnès, une adorable Henriette : Julia Bartet, Suzanne Reichenberg, Blanche Baretta.

Les pouvoirs publics, tous nos théâtres, le peuple aussi bien que l'élite, font à Molière, en ces jours anniversaires, une apothéose digne de lui. Peut-être pourtant pourrait-on faire plus encore. Qu'il nous soit permis, monsieur le Président du Conseil municipal, de vous adresser au nom de tous le désir dont la presse s'est déjà fait l'écho, celui de voir donner le nom de Molière à une rue moins confidentielle que celle qui porte actuellement son nom. Il ne faut pas oublier que Molière est né à Paris, tandis que Descartes, Corneille, Bossuet, La Fontaine et Racine se sont contentés de voir le jour en province. Ne décourageons pas nos grands hommes de naître à Paris, et, quand ils ont cette attention, ne faudrait-il pas leur en savoir gré ?

On l'a déjà dit, monsieur le Président, et on a eu raison de le dire, l'avenue de l'Opéra conviendrait à merveille à la glorification de Molière. Le monument lui-même ne vous en voudrait pas et d'ailleurs la musique passe pour consoler de tout. Cette grande voie brillante et passante n'a-t-elle pas tout ce qu'il faut pour devenir l'avenue Molière ? Tous les personnages de son œuvre s'y rencontrent chaque jour. Célimène ne peut manquer d'aller y admirer les étalages. Forcément Alceste la suit. Horace y achètera la bague de fiançailles d'Agnès, Clitandre celle d'Henriette, Cléante celle d'Angélique et M. Jourdain le diamant qu'il destine à Dorimène. Tartufe doit aller faire ses dévotions à l'église Saint-Roch. M. de Pourceaugnac, qui vient de Limoges, a débarqué au quai d'Orsay et n'a que la Seine à traverser. Harpagon qui ne cesse pas de réclamer contre l'impôt sur le revenu se trouve à deux pas du ministère des Finances, et Don Juan qui n'arrête pas de circuler entre le

Théâtre-Français, l'Opéra et l'Opéra-Comique, doit passer bien souvent dans le quartier. Monsieur le Président du Conseil municipal, nous vous en supplions, donnez-nous l'avenue Molière, et craignez, si vous la refusiez, que l'ombre du grand comique n'aille troubler le calme de vos nuits et ne vous réveille brusquement en s'écriant :

> Reprenez votre Paris,
> J'aime mieux ma mie, ô gué !
> J'aime mieux ma mie.

Et maintenant, messieurs les Présidents du Sénat et de la Chambre des Députés, en vous remerciant d'avoir bien voulu accepter notre invitation, permettez-nous, ainsi qu'aux parlementaires qui sont ici, de vous adresser une prière respectueuse, instante, émue! Vous ne pouvez manquer de constater — la diffusion du génie de Molière en témoigne avec éclat — que le théâtre est pour notre pays l'agent de propagande le plus puissant, le plus irrésistible. Les quarante-quatre délégations étrangères que nous venons de saluer vous en apportent la certitude. Si jamais ambassadeur avait rendu un tels ervice à sa patrie, il serait couvert d'honneurs et de présents. Au lieu de cela, le théâtre, notre théâtre, est entouré de périls imminents, mortels peut-être. Des subventions trop modestes, une fiscalité trop ambitieuse et qui est d'autant plus redoutable qu'elle agit parfois sous le couvert de la charité, menacent

le rayonnement de la scène française et par voie
de conséquence la dignité de l'art dramatique lui-
même.

Le jour où le Parlement, s'avisant que le théâtre
est le plus actif dispensateur de notre influence
nationale, étudiera avec gravité tous les problèmes
qui le concernent, il aura rendu à la France l'un des
plus beaux services qu'elle puisse attendre de lui.
Si ce centenaire, Messieurs, pouvait être le signal
de telles initiatives, vous accorderiez à Molière le
plus émouvant hommage que sa gloire ait le droit
de souhaiter et vous prouveriez avec magnificence
que nous ne célébrons pas aujourd'hui la mémoire
d'un grand mort, mais le génie du plus vivant d'entre
les vivants.

DISCOURS DE M. PIETRO TOLDO

Professeur à l'Université de Bologne,
Délégué de l'Italie.

L'invitation bien flatteuse d'assister à cette cérémonie m'a surpris agréablement, juste au moment
où mon Université m'avait chargé de commémorer
votre illustre poète. Cette commémoration aura lieu
à mon retour et sera suivie et complétée par un cycle
de conférences promues par l'Université populaire
bolonaise qui compte 4.000 sociétaires. Avant de
quitter Bologne, j'ai eu le plaisir de voir jouer sur
notre théâtre de prose deux pièces de Molière;
le public était choisi, nombreux, attentif et s'inté-
ressait vivement aux scènes de *Tartufe* et de l'*Avare*.

La Faculté des lettres, l'Académie des sciences,
la Députation d'histoire nationale de Bologne m'ont
chargé, par ces lettres, de vous présenter l'expression de leurs hommages et de leur fraternité. Elles
sont très sensibles à l'honneur que vous me faites,

honneur qui n'est dû, je le sais, qu'à votre bien-
veillance.

Dutillet, dans le *Parnasse français*, raconte qu'un
hiver très froid, quelques années après la mort du
poète, sa veuve fit allumer devant le tombeau de
Molière un grand feu pour réchauffer les pauvres
de la paroisse. Il s'agit évidemment d'une légende,
mais les légendes renferment parfois une vérité
profonde, car du tombeau du grand écrivain une
lumière puissante a jailli, une lumière qui brilla
au delà des frontières de la France, répandant partout les qualités éminentes de son esprit, la gaieté
débordante, la profondeur psychologique et la
haine pour toute sorte de fausseté, d'hypocrisie
sociale.

Molière, génie universel, intéresse particulièrement l'Italie. En effet, dans aucun pays, que je
sache, il n'a été blâmé, loué, traduit, imité autant
que chez nous.

Ce furent d'abord des critiques acharnées; depuis Crescimbeni et Muratori jusqu'à Quadrio
on l'accusa d'immoralité et même de plagiat.
Mais quels plagiats, mon Dieu!

Dans la plupart des cas, et je crois l'avoir démon-
tré par mes recherches, c'était lui qu'on pillait sans
miséricorde. Les troupes italiennes de Biancoletti,
celles dont les pièces jouées composent le *Nouveau
Théâtre italien* publié par Louis Riccoboni lui sont
redevables de leurs inspirations. La comédie *a*

soggetti depuis la seconde moitié du XVIIᵉ siècle s'est bornée, le plus souvent, à reproduire ou à parodier des deux côtés des Alpes les pièces qui étaient à la mode, et Molière surtout devint, pour ainsi dire, le fournisseur attitré de ces troupes. Votre poète a dit quelque part : « Je prends mon bien où je le trouve. » Constatons cependant que ce bien et le meilleur, il le trouvait en général dans sa tête.

Peu à peu cependant la vérité se fait jour et la critique italienne devient plus favorable. Francesco Algarotti ouvre cette série et, dans son *Essai sur la langue française*, déclare que les œuvres immortelles de Molière renferment « un sel mieux préparé que celui de Plaute » et que la renommée de votre poète nagera sur la mer de l'oubli. Giuseppe Baretti n'est pas moins favorable au théâtre français en général et au poète du *Misanthrope* en particulier.

« Où pourrait-on, s'écrie-t-il, retrouver en Italie des tragédies et des comédies comparables aux chefs-d'œuvre de Pierre Corneille et de Molière ? Je suis Italien, ajoute-t-il encore, j'admire Dante, l'Arioste, Berni et tous nos écrivains illustres, mais je dois bien avouer qu'il n'y a pas chez nous un poète dramatique de la force de ceux que je viens d'indiquer. Comment se fait-il qu'il y ait des gens qui osent comparer les pièces de Molière à celles par exemple de Cecchi ? »

Gaspare Gozzi n'est pas moins explicite. Il traduit le théâtre de votre poète et le fait précéder d'une analyse savante et remplie de finesse; Luigia Bergales, sa belle-sœur, tâche de rendre en italien les beaux vers du *Misanthrope* et Saverio Bettinelli, le critique de Dante, met le nom de l'auteur de *Tartufe* à côté de ceux d'Aristophane, de Plaute et de Térence.

Avec un enthousiasme toujours croissant, Napoli-Signorelli définit votre poète grand maître dans l'art de découvrir le ridicule et en même temps philosophe admirable; les jésuites portugais qui s'étaient fixés en Italie, Giovanni Andres et Arteaga proclament Molière « le grand-père du théâtre comique moderne », et à partir de cette époque l'admiration pour l'œuvre de Molière va s'élargissant de plus en plus; non seulement reconnaît-on en général ses mérites, mais encore c'est lui le grand modèle qu'on va mettre désormais sous les yeux des nouveaux poètes du théâtre.

Dès la fin du XVIIe siècle, Molière est déjà populaire sur notre scène en Italie. Des troupes françaises faisaient les délices de la cour et du public de Turin; de là elles rayonnaient en Lombardie, à Venise, à Bologne, à Naples même. Le grand poète français est toujours dans leur répertoire. Il l'est aussi dans celui des troupes italiennes Madebachi, Sacchi et San Luca. L'année même de la mort de Molière (1673), on jouait ses pièces à Turin, à

Milan, à Bologne. *Tartufe* cependant n'était accepté qu'avec réserve. A Gênes on avait crié au scandale, mais le magistrat des inquisiteurs auquel le Sénat avait déféré l'examen de cette pièce déclarait avec son bon sens gênois que cette comédie, loin d'offenser la religion et les bonnes mœurs, rendait haïssables l'imposture et les imposteurs. *Tartufe* peu à peu se fraye un chemin partout. On l'applaudit à Florence en présence de la Grande-duchesse ; à Bologne, on proteste mais on finit par lui faire bon accueil, et ce qui est plus étonnant encore les jésuites le jouent dans leurs collèges.

A Bologne notre poète attire l'attention de tout le monde. C'est un Bolonais, Napoleon della Luna, qui traduit, le premier, l'*École des femmes* en 1680 ; en 1673 Francesco Leoni reproduit sur la scène *Truffaldino medico volante*, et nous possédons à notre *Bibliothèque universitaire* la traduction presque complète, mais encore inédite, du théâtre moliéresque. Plus tard les *Academici candidi uniti* jouent avec succès *Il Matrimonio per forza (le Mariage forcé)* et le président de Brosses est ravi de la grande admiration que les dames de ma ville témoignaient aux œuvres de Molière et de Racine.

L'abbé Galiani, dans sa *Correspondance*, nous apprend à son tour que le *Misanthrope* reçoit à Naples le meilleur accueil, en ajoutant que tout le monde l'admirait, bien qu'on n'y trouvât rien de nouveau « parce que, déclare-t-il, Molière a tant été volé, pillé, imité par nos comédiens italiens, qu'il en est devenu usé à nos oreilles ».

Enfin un Espagnol, Leandro Fernandez de Moratin, qui, vers la fin du XVIIIe siècle, parcourait la Péninsule et s'inspirait à la muse de Goldoni, reste étonné de ce que Molière l'emporte sur les scènes d'Italie sur tous les auteurs comiques.

Moratin avait raison. Une énumération serait ici fastidieuse; il suffit que je vous dise qu'une centaine de mélodrames italiens s'inspirent de Molière et que la plupart de nos poètes ont suivi de près votre illustre écrivain.

En Toscane, Faginoli, Girolamo Gigli, Jacopo Angelo Nelli; en Lombardie, Carlo Maria Maggi; à Bologne, Jacopo Martelli et le marquis Albergati; à Naples, Trinchera, pour ne nommer que ceux qui se présentent de prime abord à mon esprit, ont été tous à l'école de Molière, et notre mèilleur poète comique Goldoni se déclare lui aussi son écolier. Permettez-moi cependant de faire ici mes réserves. Je sais qu'en France et chez nous aussi on a placé, bien en bas de la statue de votre poète, notre Vénitien dans une pose timide. J'ai la haine de ces rapprochements où les préjugés de nationalité entrent pour beaucoup, car ces parallèles d'une critique désormais surannée ne sont souvent qu'œuvre de fantaisie. Si Molière et Goldoni ont été tous les deux des peintres d'âmes et de mœurs, si le second a suivi parfois le premier, cela n'empêche pas que leurs physionomies ne soient bien distinctes. C'est la vie familière que notre Vénitien reproduit dans ses pièces avec une bonhomie touchante. Goldoni est grand surtout lorsqu'il écrit dans son dialecte dans les *Rusteghi*, dans les *Barufe*. Il n'a pas de haines vigoureuses et son pinceau n'ose ni représenter les grands caractères ni combattre les grands vices. Un peu de la mollesse vénitienne le rend plus indulgent aux mœurs de son siècle, mais Don Marzio de la *Bottega di caffé*, pique-assiette, égoïste, médisant, est une création géniale de même que sa Locandiera, femme alerte, exploitant, sans se compromettre, la passion qu'elle inspire à ses adorateurs. Goldoni n'a pas la vision douloureuse de la vie de votre poète, sa bonhomie est douce, mais à un autre point de vue et en des bornes plus modestes, il peint, d'après nature, la société d'une époque et l'homme de tous les temps.

Goldoni a eu le culte de Molière. Dès ses débuts jusqu'à la fin de sa carrière qu'il acheva ici à Paris, conforté dans ses malheurs par la noble et généreuse hospitalité française, son rêve constant a été celui de s'approcher autant que possible de votre poète. Cette fraternité d'âmes est la marque la meilleure de notre race latine et l'échange continuel d'influences réciproques des deux nations dans le champ des lettres, des arts et des sciences, a toujours amené, aux heures du danger, une autre fraternité encore plus intime. Vous autres Français dans le culte de Dante, honoré par vous d'une manière si noble, si éclatante, nous autres Italiens dans l'admiration de vos bons génies, resserrons toujours davantage nos liens fraternels et n'oublions jamais que nous avons une mère commune, Rome l'immortelle.

DISCOURS DE M. WILMOTTE

Professeur à l'Université de Liége,
Président de l'Académie belge.

Il est difficile de parler d'un auteur, lorsqu'on n'est pas de son temps; il est plus difficile encore de formuler un jugement sur lui, lorsqu'on n'est pas de son pays. Mais quand trois siècles nous séparent de lui et qu'on n'a pas la même patrie, un double scrupule glace la main et ferme la bouche. Que la science étrangère n'ait pas eu ce scrupule, et que, notamment, Lessing et Guillaume Schlegel aient jugé Molière sans essayer de le bien comprendre, nul ne s'en étonnera. Sous leurs critiques perce un sentiment peu avouable, l'envie, et ce sentiment a été presque toujours celui qui a inspiré les détracteurs du grand comique. Plus son génie s'imposait aux nations étrangères, et plus, aussi, ses médiocres rivaux s'efforçaient de le rabaisser ou de donner de son succès des raisons humiliantes. Pourtant, même la sévérité d'un Lessing fléchit devant la séduction de certaines pièces du grand homme. Il les a entendues; il a ri; il a été désarmé.

C'est la gaîté de Molière, en effet, gaîté si communicative et toujours jeune, qui a surtout triomphé des résistances, fondées sur l'incompréhension ou subordonnées à de médiocres intérêts. Molière, c'est le sourire de la France, sourire demi-railleur et demi-indulgent. Il n'y a jamais d'arrière-pensée fâcheuse dans la façon plaisante dont il use pour marquer sa surprise amusée devant les ridicules humains. Si Molière a été accepté et comme adopté dans tant de nations étrangères, c'est parce qu'il est gai, parce qu'il a l'observation narquoise et saine et l'entrain de la vie. C'est aussi parce qu'il ne ménage aucun amour-propre de classe ou de profession. Lui, qui est reçu à la Cour et qui en régit les plaisirs par la volonté toute-puissante du Roi, n'a-t-il pas été impitoyable pour les Marquis, leur sot orgueil, leur affectation et leur ignorance? Et n'a-t-il pas multiplié les traits contre le Palais et contre la Faculté, bien que les magistrats, les avocats et les médecins fussent gens à ménager? On lui a reproché certain couplet sur les gens de science, que son Clitandre traite de « gredins », et aussi certaine confusion à laquelle prêtaient la vraie et la fausse dévotion. Mais fallait-il qu'il se tût sur les erreurs, les travers et les excès de la Sorbonne, du Palais et des autres institutions sur quoi repose l'État, parce que ces institutions sont en soi nécessaires et infiniment respectables? A ce compte, nous devrions rayer du glorieux passé littéraire de la France, le *Roman de la Rose,* la farce de *Pathelin,* la *Satire Ménippée,* presque tout Boileau, La Bruyère et la moitié du XVIIIe siècle.

Mais il faut avouer que de tout ce grand et lourd héritage, aucune partie ne possède le renom universel dont jouit encore l'œuvre de Molière. Il y a quelques années, lorsque l'Alliance française cherchait à recruter des adhérents aux États-Unis, elle ne trouvait pas de moyens plus ingénieux et plus efficaces, pour activer sa propagande, que d'encourager les jeunes Américains et Américaines à se partager les rôles d'une œuvre de Molière, à les apprendre et à organiser une représentation publique. En Belgique, où le théâtre de Molière fut adopté dès le XVIIe siècle et où l'on n'a cessé de l'expliquer dans les classes, il n'est pas rare qu'on le joue entre amateurs, comme on ferait d'un contemporain. Même il est arrivé qu'à plusieurs reprises, un des chefs-d'œuvre du grand comique ait été traduit dans le dialecte populaire de la Wallonie et qu'il ait remporté un succès auquel les passions religieuses n'étaient d'ailleurs, pas totalement étrangères. Après 250 ans, le faux dévot a soulevé les mêmes polémiques qui avaient inquiété les amis de la vraie religion en 1664, mais qui devaient, en dernière analyse, se calmer et s'éteindre à l'avantage du bon sens et de la vraie foi.

Mais, en écoutant *Tartufe*, comme aussi les comédies moins sévères du maître de votre théâtre, on a surtout ri de la déconvenue du traître et de l'engouement de sa dupe; on a ri des saillies de Dorine et de l'effarouchement du fourbe devant une belle gorge; on a reconnu la France à cette netteté, à cette franchise, à cette loyauté exprimées dans un langage incomparable.

Dépouillé de ses éléments circonstanciels, de ce que les passions et les modes du temps y ont laissé, le comique de Molière n'est plus, pour nous, que l'arme défensive dont la Vérité use volontiers et qui la rend invincible. Il ne détruit, ni n'affaiblit rien de sain ou de durable; il est tonique et rafraîchissant; il porte la bonne santé de l'esprit français à travers le monde, et c'est pourquoi il est immortel.

DISCOURS DE M. CLOUDESLEY BRERETON

Professeur à l'Université de Cambridge,
Délégué de la Grande-Bretagne.

C'est avec une émotion indicible que je prends
la parole devant une assemblée aussi illustre que
la vôtre, en demandant votre extrême indulgence
pour quelqu'un qui vous parle dans une langue qui
n'est pas la sienne, et qui, très probablement,
hélas! n'est pas la vôtre non plus!

Je suis d'autant plus intimidé qu'un de vos premiers comédiens vient de me faire la remarque
qu'il trouve quelques ressemblances entre Lloyd
George et moi, — remarque pour moi assez
déconcertante, et tout à fait décevante pour vous,
puisque je ne suis d'aucune façon orateur, ce que
va vous prouver la petite tartine que je vous
ai préparée au sujet de votre célèbre dramaturge,
Molière.

Molière est un génie très français, voire parisien, et en même temps mondial, universel.

Voilà le paradoxe apparent qui nous intéresse, nous autres étrangers, paradoxe d'autant plus grand, quand on pense que Molière, né et élevé à Paris, vivait à une époque où toute la France commençait à se concentrer, à se centraliser autour de la capitale. Je crois que la solution se trouve dans le fait que Molière, après 20 ans de Paris, se mit à étudier ce que son illustre contemporain Descartes aimait à appeler le grand livre du monde. Mais au lieu d'aller comme lui à l'étranger, Molière a préféré faire ses études post-scolaires dans les divers pays dont la France se composait alors — en un mot, dans la province, véritable encyclopédie, où les défauts, les travers, les vices et les vertus s'accusent avec plus de relief que dans les villes où l'homme a appris depuis longtemps à cacher ses pensées et à déguiser ses actions. Je crois difficile d'exagérer l'importance de cette longue odyssée en province qui lui a servi de base pour ses observations plus raffinées plus tard, odyssée aussi fructueuse que celle d'un autre grand génie mondial, dont nous venons de célébrer le centenaire, Dante, qui, lui aussi, doit en grande partie ses profondes connaissances de la vie à ses errements interminables dans la péninsule italienne.

Mais tandis que Dante, comme Shakespeare, Dickens, et d'autres, a créé, pour ainsi dire, tout un

musée de portraits et d'esquisses, Molière, fidèle
à son génie français, amateur à la fois de l'abstrait
et de la réalité, s'est restreint à produire un nombre
plus limité de caractères; mais, en les dotant de toute
sa riche expérience, il a su établir des êtres-types,
espèces de catégories vivantes du règne humain,
tels que Harpagon et Tartufe, aussi définitifs,
quoique changeant de siècle en siècle, que des types
mondiaux, Don Juan et Don Quichotte. De plus,
en mettant ainsi les idées incarnées dans des êtres
vivants aux prises les uns avec les autres, il a été,
un peu à son insu sans doute, comme tous les
grands novateurs, le créateur principal du théâtre
moderne.

Je vais m'expliquer.

Tandis que Shakespeare est tour à tour roman-
tique et réaliste, Molière se tient dans un juste milieu entre ces deux extrêmes, et en créant des caractères à la fois types et êtres, en combinant ainsi
les abstractions des Moralités du moyen âge avec
des êtres particuliers purement humains, il a in-
troduit dans le drame un élément nouveau qui,
de nos jours, a eu la plus grande influence sur le
théâtre dans tous les pays du monde. Car, en mettant les idées aussi bien en conflit que les hommes,
il a inventé, pour ainsi dire, la pièce à thèse.

Certes, Othello représente la jalousie, Lear la
folie de la vieillesse, Hamlet le conflit entre la pensée
et l'action; mais le sentiment dominant évoqué

dans les lecteurs ou les spectateurs est la personnalité d'Othello, de Lear, de Hamlet avec le sens obscur d'une fatalité inéluctable.

Mais chez Molière, à part le vif intérêt que provoquent ses caractères, dans plus d'une pièce c'est aussi un véritable problème social qu'il soulève. Pour n'en prendre que deux exemples — l'*École des femmes*, qui est la question (devenue éternelle depuis) du mariage, et les *Femmes savantes*, qui est le problème de l'éducation des filles.

Voilà, en effet, l'apparition sur la scène de la *raison* aux dépens de la fatalité, non pas de la raison raisonneuse, comme chez Aristophane, mais de la raison raisonnable, et c'est ainsi que Molière, quoiqu'il ne donnât pas dans la philosophie de Descartes, appartenait, un peu malgré lui peut-être, à son siècle qui a été par excellence le siècle de la raison.

Dans le renouveau remarquable — le troisième dans notre histoire — du théâtre d'aujourd'hui on trouve partout, chez les Pinero, les Bernard Shaw, les Galsworthy, l'influence directe ou indirecte de Molière, surtout à l'égard de ces conflits entre les idées incarnée en des personnages.

Plus grande encore a été son influence sur ce deuxième renouveau de notre scène qui suivit le retour des Stuarts en Angleterre. Tous les dramaturges de cette époque dite de la Restauration sont ses disciples et ses débiteurs — les Congreve, les

Wycherley, les Farquhar, aussi bien que leurs descendants, Fielding et Colly Cibber, et leur arrière-petit-fils Sheridan, pour ne pas citer leur dernier rejeton, Oscar Wilde. Certes, cette comédie tournait de plus en plus vers la comédie de mœurs, et vers ce que j'appellerais la recherche de l'esprit pour l'esprit. Mais l'impulsion première venait de Molière et surtout de Molière. La tradition élizabéthaine ne donnait plus.

D'autres étrangers, beaucoup plus compétents que moi, parleront de son influence chez eux; mais tous, j'en suis certain, seront d'accord avec moi pour saluer en Molière le premier des sociologues et l'ancêtre en ligne directe ou collatérale de tout le théâtre moderne.

Peut-être me permettrez-vous d'ajouter une seule réflexion. Ce qui nous charme, nous autres Anglais, ce qui fait de nous les plus fidèles adorateurs de Molière, c'est son bon sens impeccable et impérissable. En outre, ceux d'entre nous qui connaissent de près les Français regardent toujours cette même qualité comme une des qualités maîtresses de la race, et c'est pourquoi, personnellement, tout en restant foncièrement Anglais, je me proclame toujours admirateur impénitent de votre grande nation, parce que je suis profondément convaincu que ce bon sens de Jacques Bonhomme, en s'alliant avec *the common sense* de John Bull, trouvera toujours des solutions satisfaisantes à tous les malentendus passagers qui pourraient surgir un instant entre nos deux pays.

Et c'est ainsi pour moi un augure excellent que nous assistions aujourd'hui au tricentenaire du plus grand représentant du bon sens qui ait jamais existé ici-bas.

DISCOURS DE M. H. C. CHATFIELD-TAYLOR

Délégué des États-Unis.

Je suis fier et timide, à la fois, d'avoir été appelé
à représenter mon pays dans l'hommage que nous
rendons aujourd'hui à Jean-Baptiste Poquelin.
Les écrivains américains tiennent Molière pour le
plus grand génie des lettres françaises, et c'est par
l'étude approfondie de son œuvre dans nos Universités, que nous lui témoignons cette considération.

Louis XIV demandait un jour à Boileau quel
était le plus grand écrivain de son règne : « Molière,
Sire », répondit le critique. Le Roi eut peine à
croire qu'un homme qui se barbouillait le visage
tous les jours pour se faire la moustache de Sganarelle fût plus grand que Pascal, que La Bruyère,
que La Fontaine, que La Rochefoucauld, plus grand
que Bourdaloue, Fénelon, Bossuet, plus grand même
que Corneille, que Racine.

C'est qu'en littérature, Messieurs, pour être grand, il faut une âme capable, tout ensemble, d'une joie et d'une affliction infinies, et pouvoir tirer des profondeurs de cette âme des pensées que toute l'humanité partage. Voltaire pensait de Molière comme l'auteur de l'*Art poétiqae*. Il trouvait en lui une qualité qu'il n'avait découverte, ni dans Corneille, ni dans Racine, ni dans La Fontaine. Molière était philosophe, en théorie aussi bien qu'en pratique.

Grand poète, plus grand philosophe encore, il ne passait pourtant, aux yeux de ses contemporains, que pour un faiseur de farces; pour un « farceur » comme on disait alors, crime que son ami, Boileau lui-même ne lui pardonnait pas. C'est par une farce, en effet, que Molière commence son œuvre, par une farce qu'elle se termine. Et lorsqu'il délaissa ce genre dramatique, ce ne fut que pour plaire au Roi, comme, par exemple, dans la *Princesse d'Élide*, ou les *Amants magnifiques*, ou pour soulager son cœur, comme dans le *Misanthrope*, *Tartufe*, les *Femmes savantes*, ou *Don Garcie de Navarre*. Il a pu souvent, grâce à une véritable habileté de jongleur, ou plutôt à une infaillible adresse à peindre la nature humaine, donner à des farces l'apparence de comédies de caractères. Mais quand on analyse les plus populaires de ses pièces... pièces avec des types aussi profondément humains que l'avare Harpagon, que M. Jourdain, ce parvenu, que l'hypocondre Argan... on s'aperçoit que ces pièces ne sont que des farces, dont on retrouve les traces en Italie, en Espagne, dans les classiques de l'antiquité.

Je n'en fais certes pas reproche à Molière. Il y répondrait comme il le fit en son temps, à en croire Grimarest : « Je prends mon bien où je le trouve. »

C'était, d'ailleurs, alors un mince délit que le pillage littéraire des morts. Et vraiment, Messieurs, en toute justice littéraire, je crois qu'un artiste qui embaume un cadavre dérobé, et le pare sous l'inspiration de son génie de vêtements assez fastueux pour le faire passer pour une idole, doit recevoir, non la malédiction dont nous frappons les profanateurs, mais les hommages que nous décernons au grand prêtre.

Mais Molière fit plus encore : de la poussière de Ménandre, de Plaute et de la Mascarade italienne, il créa notre Comédie moderne, et l'anima de son souffle poétique.

On peut voir dans les comédies de Molière l'histoire de sa propre vie : Mascarille le gai bohème; Sganarelle le jaloux quadragénaire cherchant en vain le bonheur domestique; Éraste le courtisan bel esprit, condamné à subir les fâcheux de peur de leur déplaire; Alceste le misanthrope, qui, en dépit de sa philosophie de la vie et de son expérience de l'imposture humaine, aime une coquette sans cœur, parce que « il ne peut pas triompher de toute sa

tendresse; et quoique avec ardeur il veuille la haïr »,
et, dans un certain sens, Argan, le quinteux inva-
lide, marié à une femme intéressée; tous, quel que
soit leur caractère, ne sont autres que Molière lui-
même, se cachant à peine plus que l'autruche, la
tête dans le sable.

Pour apprécier combien son imagination était
inconsciemment influencée par l'expérience, il
faudrait avoir fait l'épreuve du découragement,
de l'indifférence, de la tolérance, de la louange et
de l'envie, sentiments qui sont le lot d'un auteur
même de moindre renommée, et surtout, s'être per-
suadé que toute connaissance, comme l'exprime
Shakespeare, n'est qu'une addition à nous-mêmes.
Car selon la parole de l'immortel poète :

> Never durst poet touch a pen to write
> Until his ink were temper'd with love's sighs
> Oh, then his lines would ravage savage ears
> And plant in tyrants mild humility
> From women's eyes this doctrine I derive :
> They sparkle still the right Promethean fire ;
> They are the book, the arts, the academes
> That show, contain, and nourish all the World :
> Else none at all in aught proves excellent.

Sainte-Beuve disait de Montaigne que c'était
le plus sage des Français. Il aurait pu ajouter : « Et
Molière le plus humain. » Le naturel, la qualité
vraiment distinctive de Montaigne, constitue le
charme de l'œuvre molièresque. Notre poète con-

naissait l'humanité sous tous ses aspects, et, ayant
le courage de ses convictions, il écrivit, lui aussi,
pour protester contre le guindé et l'artificiel, en
vrai Français. Jusqu'à la représentation des *Précieuses ridicules*, il fut comme lié par les menottes
italiennes, mais il fut constamment, dans la suite,
un franc Gaulois.

Si son œuvre devenait parfois objectivement italienne, sa façon de sentir n'en était pas moins sub-
jective, sa technique française. Son idéal, c'était
la vérité. Et avec les *Précieuses ridicules* pour base,
il bâtit, des ruines anciennes de la farce, sa ville
éternelle, une Rome où mènent tous les chemins
de la Comédie moderne.

On a bien des fois essayé de comparer Molière
à Shakespeare. Ils se ressemblent bien peu. Shakespeare écrivait des tragédies et des comédies roma-
nesques, Molière des comédies et des farces ins-
pirées de la réalité. Vivant à une époque où ses
compatriotes couraient des aventures sur tous les
océans, et en apportaient sur les côtes de leur île
natale les récits d'extravagants exploits, Shakespeare tirait ses sujets de l'histoire héroïque de l'Angleterre et de Rome, d'une Italie fantastique ou d'une
Grèce et d'une Bohême imaginaires.

Cependant, Molière, dans une époque polie,
ordonnée et seulement curieuse de sa propre vie,
peignait ses contemporains, non seulement en auteur
dramatique occupé à pourvoir la scène de pièces

monnayables, mais aussi en philosophe hautement inspiré, et pénétré de son devoir d'exposer les vices de la société.

On ne saurait comparer, ni mettre en rivalité, deux hommes aussi différents de tempérament et de circonstances, que Shakespeare et Molière. Chacun d'eux réfléchit l'esprit d'une époque, et les traditions d'une race. Chacun d'eux, dans son genre, est un incomparable génie, où les auteurs dramatiques subséquents viendront prendre leur inspiration et leur lumière.

Si nous ne considérons que l'homme en lui, Molière fut un rêveur. Il aimait peu la société. C'était, comme l'appelait Boileau, un contemplateur, qui préférait aux attentions du grand nombre le commerce intime de quelques personnes. Mais celles qu'il estimait lui restaient attachées toute leur vie. Et celui qui a défini l'amitié avec tant de conviction dans le *Misanthrope* a pu compter, parmi ses plus constants amis, les hommes et les femmes les plus illustres de son temps. Bien qu'il méprisât le monde, il en avait toutefois une connaissance si parfaite qu'il en a pu tirer les éléments les plus substantiels de son œuvre. Bref, un homme trop entier dans sa haine de l'imposture pour composer avec les hypocrites, trop sincère pour tenir le rôle d'un courtisan, sauf lorsqu'il y trouvait à recueillir les matériaux de ses portraits ridicules.

Épicurien dans sa jeunesse, stoïque dans sa maturité, la philosophie de Molière était le résultat de son expérience.

Ayant accepté volontiers l'amour, le plaisir et la gloire que lui avait donnés la vie, il fit de la résignation un abri à ses soucis et chercha, dans le commerce de ses amis d'élection, une consolation où adoucir son cœur. Le railleur Chapelle et le sceptique La Mothe Le Vayer furent de ses intimes, et il y avait, cependant, tout au fond de lui, une vénération pour l'ordre établi, une soumission à l'Église qu'aucune philosophie ne parvenait à étouffer. Sa réconciliation avec sa femme fut un hommage à la morale. Ses antécédents bourgeois lui défendaient de devenir jamais un vrai sceptique; car, bien que ses convictions fussent celles d'un homme vivant dans une atmosphère de doute, il était tout pénétré de la foi.

Affable avec les femmes et viril avec les hommes, c'était un *gentleman* dans le bon sens du mot. Rien ne permet de dire qu'il fût bas, poltron ou malhonnête, et bien des choses prouvent au contraire qu'il était courageux et bon. Il prit en épicurien ce que le Destin laissait à sa porte, jusqu'au jour où l'offrande devint une coupe d'amertume, et il la but en vrai stoïque. Il fit toutefois appeler un prêtre à sa dernière heure. Ce fut en vain, et il mourut comme il avait vécu, chrétien dans le cœur, victime de l'Intolérance.

DISCOURS DE M. D. MEREJKOWSKY

Délégué russe.

Souvenez-vous de ces paroles sublimes d'Alceste le Misanthrope qui est sinon Molière lui-même, du moins la moitié la plus profonde et la plus tragique de son être :

J'entre en une humeur noire, en un chagrin profond,
Quand je vois vivre les hommes comme ils font ;
Je ne trouve partout que lâche flatterie,
Qu'injustice, intérêt, trahison, fourberie ;
Je ne puis plus tenir, j'enrage, et mon dessein
Est de rompre en visière à tout le genre humain.

Si nous voulions choisir une épigraphe pour l'histoire de ces dernières années, de ces derniers jours, oui, peut-être bien *des jours derniers*, de la fin de la civilisation européenne, nous ne pourrions trouver rien de mieux que cette tirade de Molière le Misanthrope :

Injustice, intérêt, trahison, fourberie.

N'est-ce pas là un arrêt de mort pour notre vieille, notre sainte Europe? On a commencé par la plus grande des injustices et l'on voudrait finir par la plus grande des fourberies.

Injuste était la volonté d'une nation d'opprimer toutes les autres nations de l'Europe. C'est la France qui a vaincu cette volonté injuste et voilà que la fourberie veut rendre dérisoire, vaine et nulle cette victoire éclatante.

Comme le dit encore votre grande conscience, la Conscience de la France et de l'Humanité, Molière :

> De cette complaisance on voit le juste excès
> Pour le franc scélérat avec qui j'ai procès.

Qui est-ce donc ce franc scélérat? Ai-je besoin de vous le dire? Je suis Russe et c'est avec Lénine que j'ai procès — Lénine qui a tué la Russie, ma mère, et qui voudrait tuer votre mère à vous, la France.

Au travers de ton masque on voit à plein le traître,
Partout il est connu pour tout ce qu'il peut être,
Et ces roulements d'yeux et son ton radouci
N'imposent qu'à des gens qui ne sont point d'ici...
Nommez-le fourbe, infâme ou scélérat maudit,
Tout le monde en convient et nul ne contredit.
Cependant sa grimace est partout bienvenue ;
On l'accueille, on lui rit, partout il s'insinue.
Et, s'il est par la brigue un rang à disputer,
Sur le plus honnête homme on le voit l'emporter.

N'est-ce pas là le portrait tout vivant de Lénine et de son entourage complaisant non seulement à Moscou, dans les conférences des Soviets, mais aussi à la prochaine conférence, peut-être inévitable, de Gênes ou de Londres ? Et dois-je m'excuser devant l'ombre auguste du poète éternel de parler d'une actualité trop éphémère et trop mesquine ? Je ne le crois pas. L'âme de Molière est l'âme de la France et c'est au moment peut-être le plus tragique pour la France que je vous parle de Molière. N'ai-je donc pas le droit d'en appeler à cette grande âme en ce moment si tragique ?

Ce n'est pas seulement par la force des armes, c'est aussi par la force de la raison, par ce sentiment divin de la mesure, de l'ordre, de l'harmonie et de la justice, incarné dans Molière, c'est par cette force, dis-je, que la France a remporté sa victoire sur l'injustice et la folie qui ont voulu imposer aux nations le joug d'un esclavage éternel.

Et voilà qu'une injustice plus grande encore nous menace, le vent d'une folie plus terrible souffle sur le monde entier. C'est maintenant la folie non de la guerre, mais de la paix, de la complaisance aux méchants, « de la fourberie ».

Et bien, notre espoir à nous tous, c'est que cette seconde folie sera vaincue par une manifestation de la même force, par le sentiment du ridicule si bien incarné dans le plus grand poète comique de la France — Molière.

« C'est le ridicule qui tue », semble répondre Napoléon à Molière. N'est-ce pas bien le moment d'approfondir ce mot terrible ? La « complaisance aux méchants » utile et peut-être, hélas, inévitable dans la « politique réaliste » est bien tragique; mais la complaisance inutile envers un « franc scélérat » qui vous dit franchement qu'il a besoin de votre complaisance pour tuer votre mère, n'est-ce pas là le ridicule, le ridicule qui tue ?

Nous n'avons besoin que d'un sourire pour nous sauver de ce ridicule mortel. Espérons donc que le sourire divin, le sourire éternel de la raison, de ce Soleil invincible — *Sol invictus* — sauvera la France et le monde de la plus terrible des folies et de la plus ridicule des infamies — de la complaisance envers le plus franc scélérat qui fût au monde.

C'est à la gloire de ce sourire divin, de ce Soleil invincible incarné en Molière que je lève mon verre.

DISCOURS DE M. SALEK KHAN

Délégué de la Perse.

En prenant part aux magnifiques fêtes du tricentenaire de Molière, le Gouvernement persan n'a pas voulu seulement faire un geste de courtoisie diplomatique; il a voulu dans une occasion publique et solennelle exprimer l'admiration de la Perse intellectuelle pour le génie littéraire de la France, exprimer surtout la profonde gratitude pour ce que nous, Persans, nous devons à votre incomparable culture.

Vous savez qu'après s'être confiné plus de deux mille ans dans sa vie purement orientale, la Perse s'est rapprochée de la civilisation occidentale; cette reprise de contact date du début du XIXᵉ siècle et notre bonne fortune voulut que ce fût précisément grâce à la France; l'épanouissement de la culture française en Perse est un phénomène merveilleux par sa soudaineté, son ampleur, et par les bienfaits multiples qui en ont déjà résulté pour la renaissance et le progrès de mon pays. Il me faudrait le talent de Schéhérazade et vous retenir jusqu'à l'aurore pour vous esquisser ce nouveau conte des mille et une nuits.

Tous nous admirons votre magnifique littérature, vos auteurs du XVIIe siècle jouissent parmi nous d'une considération et d'une vogue extraordinaires et parmi eux celui qui nous a le plus charmé par sa langue si alerte, si vivante, si claire, si française, pour résumer ses qualités en un mot, c'est sans contredit le grand Écrivain dont nous commémorons l'anniversaire.

Molière n'est pas seulement l'auteur français que nous préférons, c'est aussi l'animateur du théâtre moderne en Perse et c'est surtout à ce titre que nous lui exprimons notre reconnaissance. Avant que les pièces de Molière fussent traduites en persan, le théâtre de la comédie était inconnu dans mon pays; nous ne connaissions que le théâtre religieux; aujourd'hui, grâce à lui, qui a inspiré nos auteurs, nous avons un vrai théâtre, le théâtre des mœurs. Vous ne serez donc pas étonnés si je vous dis que, parmi les premières pièces présentées sur les scènes de Téhéran, il faut citer le *Malade imaginaire* et le *Médecin malgré lui*.

Comment Molière a-t-il pu agir avec tant de force sur les Persans, comment la culture française a-t-elle pu s'adapter si complètement à notre mentalité? C'est qu'il existe depuis toujours de puissantes affinités entre les Persans et les Français; on nous appelle parfois les Français de l'Asie; aucun éloge ne nous est plus agréable que cette comparaison flatteuse; la culture française a été pour nous une sorte de révélation répondant à un besoin inné; quand nous vous avons connus, il nous a semblé que nous retrouvions après une longue séparation des anciens amis très chers. N'y a-t-il pas d'ailleurs entre vous et nous une parenté; votre race et la nôtre ne sont-elles pas issues du même tronc ethnique : la race aryenne. C'est dans cette commune origine que je vois la raison profonde de la sympathie qui attire les uns vers les autres les Persans et les Français. Mon vœu et celui de tous les intellectuels persans est que ces liens déjà si puissants se resserrent toujours plus étroitement et qu'il nous soit donné souvent l'occasion d'exprimer notre affection pour votre pays, notre admiration pour votre incomparable culture dans des manifestations comme celle de ce jour, l'apothéose d'un des plus grands génies littéraires de la France, l'immortel Molière.

DISCOURS DE M. A. TRAMPE BODTKER

Professeur à l'Université de Christiania,
Délégué de la Norvège.

Je viens, comme délégué norvégien, payer à la gloire de Molière le tribut du pays d'Ibsen et de Bjornson.

Je vous salue au nom de notre Université. M. Johan Bojer, délégué des auteurs, me charge de vous présenter les hommages des hommes de lettres, les Sociétés franco-norvégiennes ont saisi avec empressement l'occasion de vous renouveler l'expression de leur dévouement, je me fais l'interprète de tous vos amis, connus et inconnus, qui, instinctivement, mêlent les trois couleurs de notre drapeau au tricolore français, de tous ceux qui, pendant une guerre atroce, ont souffert avec vous et qui aujourd'hui se réjouissent que la France, libre et forte, puisse célébrer le tricentenaire de son illustre fils.

Molière ayant peint l'humanité appartient par cela à l'humanité entière. Ses personnages, revêtant des costumes divers, sont de tout pays, comme ils sont de toute époque. Plusieurs d'entre vos hôtes vous parleront, sans doute, de l'influence que Molière a exercée sur l'art dramatique de leur pays. Dans le nord nous mettons en avant Holberg, Norvégien d'origine, Danois de résidence. Chacun de nous aura pour Molière un mot de reconnaissance particulière.

Il est naturel que ses compatriotes fixent à cette heure leurs regards uniquement sur la personnalité de Molière. Vous nous montrez, pendant ces jours inoubliables, combien vous vénérez, je ne dis pas sa mémoire, car mémoire peut impliquer le souvenir de quelqu'un qui n'est plus, mais combien vous vénérez Molière vivant toujours parmi vous. Vous avez sa maison et ses œuvres constamment devant vos yeux. Vos amis étrangers ont plus de recul. Ils ne peuvent regarder sa personnalité sans voir derrière le sol qui l'a procréée et qui l'a nourrie de sa sève abondante. Le génie de Molière, tout en franchissant les frontières, reste si foncièrement français que nous ne pouvons rendre à Molière ce qui appartient à Molière sans le reporter au pays avec lequel il se confond. En fêtant Molière, en le remerciant de tout ce qu'il nous a donné, nous remercions en même temps le pays dont il est inséparable par son esprit comme par sa naissance.

DISCOURS DE M. MICHAELIS SOPHUS

Président de la Société des Gens de Lettres,
Délégué du Danemark.

Au nom du Théâtre-Royal de Copenhague et de la Société des Gens de Lettres du Danemark, j'ai l'honneur de rendre l'hommage de leur admiration la plus illimitée et de la gratitude la plus profonde au génie universel de Molière et à son « illustre théâtre » la Comédie-Française.

Les sentiments de gratitude de la nation danoise sont d'autant plus grands que le théâtre danois de Holberg est fondé directement sur celui de Molière. En 1722, l'acteur René Montaigu, Français de naissance, avait obtenu le privilège royal de représenter des comédies en langue danoise, et le 23 septembre de cette même année, le premier théâtre national du Danemark fut inauguré par la traduction en danois de Molière, inauguration dont le tricentenaire sera célébré chez nous cet automne.

La seconde représentation du Théâtre-Danois fut le *Discoureur d'Estaminet* par Louis Holberg, le vrai père de notre littérature moderne et de notre théâtre. Deux pays se disputent l'honneur d'être sa patrie; il est vrai qu'il est né en Norvège onze années après la mort de Molière. Mais tout son âge viril, tout son champ d'activité est voué au Danemark et à sa capitale. Dans sa jeunesse il a voyagé en Hollande, en Angleterre, en France. Il a formé ses idées sur la philosophie du bon sens. Il est imbu de l'esprit moraliste du grand dramaturge français qu'il cite toujours comme son modèle incomparable. Dans ses chefs-d'œuvre il va de pair avec le maître; il se compare lui-même à Molière, croit secrètement peut-être le surpasser sous certains rapports. En peu d'années il enrichit le jeune théâtre danois d'un trésor permanent. Mais il n'écrivait pas dans le centre de la civilisation. Son public était plus provincial, sa satire châtiait les mœurs, les vices, les défauts et les sottises de la petite société au milieu de laquelle il vivait. Il n'est pas, comme Molière, versé dans la psychologie de l'amour, il n'a pas son élégance, sa hauteur d'âme, la noblesse de senti-ments vraiment française, il est plus robuste et plus rude. Dans sa galerie de types moulés sur le vif, des paysans, des valets, des petits bourgeois, des types ridicules prévalent sur les caractères indi-viduels. Il est surtout et partout le grand moraliste qui veut faire rire son public. Moins que Molière il sait l'art d'appeler le sourire, de faire rire « dans l'âme ». La gaîté, ce qu'il appelle lui-même la « festivité » — *festivitas* — est pour lui la qualité principale de la bonne comédie. Il ne sait pas apprécier le comique élevé et sérieux, la vraie comédie de caractère. C'est pourquoi le chef-d'œuvre le plus sublime de Molière, le *Misanthrope*, manque, à son avis, d'action, et n'est qu'une conversation élégante et ingénieuse, mais monotone, qui donne à penser plus qu'à rire.

Il mérite d'être rappelé que ce grand poète réformateur du nord fit en 1725 de vains efforts pour pénétrer dans la Comédie-Française, avec son *Discoureur d'Estaminet*. C'est aussi en vain qu'il tenta plus tard de publier son théâtre danois en français. Comme petite revanche tardive, M. de Féraudy a couronné la statue de Holberg, lorsque la Comédie-Française a, l'automne dernier, rendu visite à son théâtre avec autant de succès que de joie mutuelle.

Dans l'art dramatique du Danemark, aussi bien que dans sa littérature, on sent, de nos jours encore, l'influence immédiate et l'esprit souverain de Molière. D'abord, il a dominé le répertoire du théâtre danois plus que Holberg. Il est toujours, à côté de Shakespeare, le classique étranger le plus joué en Danemark. Son tricentenaire est aussi célébré chez nous de plusieurs manières et par beaucoup de représentations. Le Théâtre-Royal joue l'*Am-*

phitryon, l'*École des femmes* et les *Précieuses ridicules*, le Théâtre Dagmar le *Tartufe* et le *Malade imaginaire*. Parmi nos meilleurs interprètes de Molière, il faut nommer Mme Heiberg et Mme Hennings, les frères Émile et Olaf Poulsen, Charles Mantzius et Paul Reumert.

Dans la littérature, les traces de son influence se retrouvent chez Wessel, qui travestit en affectation le style héroïque dans l'*Amour sans bas*; chez Pierre-André Heiberg dans ses drames satiriques et chez son fils Jean-Louis dans les bouffonneries de son vaudeville; chez Herts dans la noblesse d'âme et le ton amoureux de ses drames chevaleresques; chez Sven Lange dans sa psychologie sincère et sobre. Enfin l'œuvre de notre grand **Georg Brandes** est toute pénétrée de son esprit, **de son** humanité et de la clarté lumineuse.

Molière est éminemment français et éminemment international. Il a vécu pour tous les temps et **pour** tous les peuples. Son œuvre s'est transplantée **sur** toute la terre civilisée. Permettez-moi de rappeler qu'un petit jardin peut être aussi bien et aussi finement cultivé qu'un grand et que toute civilisation est réciproque. Salut au grand Molière et à **sa grande** patrie. Salut en immortalité!

DISCOURS DE M. BERNARD BOUVIER

Professeur à l'Université de Genève,
Délégué de la Suisse.

Les hôtes étrangers de la Société des Auteurs et Compositeurs dramatiques représentent, à leur bout de table, l'admiration et la reconnaissance innombrables de leurs compatriotes, de leurs patries, pour Molière et pour la France. En les conviant à ces fêtes somptueuses, à ces spectacles de grand style, à toute cette célébration spirituelle et généreuse du tricentenaire de Molière, vous avez répondu, monsieur le Ministre, messieurs les Auteurs dramatiques, Messieurs et Mesdames de la Comédie-Française et des théâtres de Paris, à un immense élan de sympathie affectueuse pour le poète de l'*École des femmes*, des *Fourberies*, de *Don Juan*, de *Tartufe*, du *Misanthrope* et *des Femmes savantes*, qui fut un Parisien de Paris, un incomparable représentant de sa race et l'un des plus grands citoyens de la république des lettres. C'est cette république universelle qui l'a peu à peu reconnu depuis trois siècles, et qui le salue à cette heure par nos voix diverses d'accent, mais concordantes et unanimes.

Dans la carte géographique, ethnographique et esthétique du monde, permettez-moi d'attacher un moment votre attention bienveillante sur un petit pays, celui que Gonzague de Reynold et moi avons l'honneur de représenter auprès de vous, la Suisse, et même sur une étroite et antique cité suisse, Genève et son université. Agréez leur hommage, il est loyal et fidèle. Il associe de fortes émotions à beaucoup de souvenirs pittoresques et plaisants.

Je n'en évoquerai qu'un. Genève dut attendre soixante-dix années avant d'assister aux drames de Molière avec la permission de ses Conseils. Nos journaux viennent de rappeler que *Tartufe* et l'*Avare* furent représentés pour la première fois chez nous par des professionnels en 1738. C'était la « Société comique » dont Frainville était le régisseur parlant au public et Gherardi — qui avait joué aux foires de Saint-Germain et de Saint-Laurent — le premier rôle. La présence à Genève du comte de Lautrec, lieutenant-général du Roi, maréchal de camp et inspecteur général de l'infanterie, alors plénipotentiaire de Sa Majesté très chrétienne auprès de la turbulente République, avait sans doute facilité cette entreprise hardie.

Mais le Petit Conseil avait pris des précautions qui attestent sa sollicitude pour l'ordre public et la bienséance : il avait interdit que personne se rendît au spectacle en carrosse; aucun spectateur ne devait prendre place sur la scène et le parterre ne contiendrait que des places assises. Sages mesures qui devaient, on le sait, être édictées vingt et quarante ans plus tard pour le Théâtre-Français, au grand profit des auteurs, des comédiens et du public. Dans cette invasion dramatique de la cité de Calvin et de Rousseau, *Tartufe* et l'*Avare* partagèrent l'affiche avec l'*Iphigénie* de Racine, le *Regulus* de Pradon et le *Cinna* de Pierre Corneille. Les représentations, fort goûtées, avaient été annoncées par Frainville en termes honnêtes et prudents : « Quelles riantes images, dit-il, viennent encore mettre à profit des moments que l'on croit donner à de simples amusements : des Tartufes, des Avares, des Menteurs se livrent au mépris des spectateurs aussi charmés de rire du ridicule de ces personnages, que résolus à s'en éloigner. »

Je n'ose affirmer, Mesdames et Messieurs, que le sieur Frainville n'a pas exagérément flatté mes concitoyens du XVIIIe siècle, ni même que les « riantes images » qu'il leur présentait aient régénéré ni eux ni leurs descendants. Vingt ans plus tard, l'auteur de la *Lettre sur les spectacles* lançait son fameux cri d'amour et d'angoisse pour sa petite patrie, tandis que Voltaire enrôlait malicieusement l'aristocratie genevoise dans sa troupe des Délices, puis de Tournay, puis de Ferney.

Depuis lors, la conquête s'est vite accomplie. Nous avons à Genève adopté tout votre théâtre. Vos illustres comédiens en tournée le savent bien. Nous sommes devenus les disciples passionnés de cette école d'art et de vérité. Et précisément parce que nous avons encore, comme au temps où Frainville et Gherardi les figuraient pour la première fois chez nous, nos Harpagons et nos Orgons, nos Trissotins et nos Philamintes, nos Diafoirus et nos Sganarelles cocufiés ou raisonneurs, Molière est chez nous comme chez lui. Ce n'est pas nous qui l'avons adopté, c'est lui qui nous découvre, nous observe et nous peint. Nous sentons posé sur nous, pénétrant nos travers et nos ridicules, le regard du Contemplateur. Nous l'aimons, parce qu'il nous connaît et nous juge, ni meilleurs ni pires que d'autres, comme des frères en humanité, qui se laissent prendre aux entrailles par son rire immortel.

Mais pourquoi se réclamer de ses frontières natales et de sa petite histoire, pour accorder jalousement un droit de naturalisation à Molière? Est-ce qu'il n'est pas le maître, l'ami et le libérateur, partout où l'on demeure attaché aux traditions domestiques? partout où la maison bourgeoise forme une alvéole active et saine dans la ruche de l'État? partout où la famille est fidèlement respectée, où l'autorité de l'homme est fondée sur sa sagesse bienveillante, la dignité de la femme sur son dévoûment éclairé, la tendresse des enfants sur leur libre soumission? partout où les jeunes se donnent à l'amour loyal et tendre? partout où les maîtres et les serviteurs sont liés par la confiance et le franc-parler? partout enfin où la politesse, la tolérance et la justice maintiennent l'ordre social?

De cet immense parterre humain, une acclamation unanime s'élève à cette heure vers le maître de la scène comique française. Vos hôtes étrangers, Mesdames et Messieurs, sont fiers de vous en apporter les échos. Et je me plais à rappeler, en pensant à Molière, ce mot du plus original des moralistes genevois : « On peut de l'idéal extraire le mépris, mais il est plus beau d'en tirer la bonté. »

DISCOURS DE M. TOR HEDBERG

Délégué de la Suède.

Les délégués suédois, chargés de représenter à cette occasion le gouvernement et le pays de Suède, sont heureux de pouvoir témoigner ici de l'enthousiasme avec lequel leur patrie prend part à la commémoration consacrée ces jours-ci à Molière par ses compatriotes et à laquelle s'associe tout le monde civilisé. Il n'y a que deux mois la Suède a donné, par l'attribution de sa plus haute distinction littéraire à l'un des grands auteurs de la France moderne, une preuve des sentiments d'admiration et de reconnaissance que lui inspire la littérature française, aujourd'hui c'est l'un des plus glorieux ancêtres de cette littérature que nous fêtons avec vous.

Le nom de Molière est de ceux qui illuminent avec leurs rayons non seulement une génération ou une période, mais toute une nation à travers des siècles de son existence. Ce qu'est le nom de Dante pour l'Italie, celui de Cervantes pour l'Espagne, de Gœthe pour l'Allemagne, de Shakespeare pour l'Angleterre, le nom de Molière l'est pour la France, l'incarnation de sa culture la plus fine, de sa plus haute puissance intellectuelle, de sa gloire la plus impérissable.

En célébrant aujourd'hui le souvenir de ce grand Français, nous affirmons notre foi en quelques-uns des principes fondamentaux de la vie, qui, seuls, offrent à la société une base solide : la droiture, la franchise, l'amour de la vérité, le courage moral, le mépris de tout ce qui est vil et bas. Ce que lui, le grand moraliste et le profond connaisseur de la nature humaine, nous dit garde encore après trois siècles toute sa portée et toute sa force. De nos jours, plus, peut-être, que jamais, nous ferons bien de l'écouter.

DISCOURS DE M. L. ZALEZSKI

Délégué de la Pologne.

Les fêtes du tricentenaire de Molière apparaissent comme une magnifique occasion d'affirmer ce beau et sain internationalisme qui procède non pas de la destruction, mais du respect et de l'exaltation même des valeurs nationales.

L'œuvre de Molière, cette patrie universelle du rire profond et libérateur, a eu en Pologne une destinée un peu singulière. Si le *Cid* de Corneille y trouve déjà en 1661 un traducteur de grand talent (André Morstin) et l'année suivante des spectateurs à la cour royale, si la traduction d'*Andromaque* suit d'assez près l'apparition de l'original, si le *Mariage de Figaro* semble avoir paru sur une scène privée à Varsovie avant même que d'être représenté à Paris — la fortune de Molière en Pologne a pris une démarche un peu languissante. La première représentation d'une pièce de Molière n'a lieu en effet qu'en 1750. C'est au théâtre privé de Nieswiez du prince Michel Radziwill, palatin de Wilna, que revient cet honneur et c'est sa femme, née princesse Wisniowiecka, qui la première traduit les *Précieuses ridicules*, le *Médecin malgré lui* et les *Amants magnifiques*.

Mais si cette première apparition peut sembler bien tardive, l'installation littéraire de Molière en Pologne sera d'autant plus durable et féconde. Il n'est point exagéré de dire qu'il devint dès lors le grand inspirateur du théâtre dans ce domaine de la création comique si délaissée, si disqualifiée en Pologne pendant tout le XVIIe siècle.

Est-il besoin de citer ici les noms de ses premiers disciples polonais entourés chez nous d'une respectueuse mais un peu rituelle déférence. Après la princesse Radziwill et Wenceslas Rzewuski, dont la bonne volonté tint lieu de talent, nous ne pouvons pas omettre Francis Bohomolec qui, dans sa production féconde pour le théâtre scolaire et depuis 1765 pour la scène nationale, bien que n'ayant pas mis à profit, certes, le meilleur de Molière, lui devait sûrement le meilleur de son œuvre. Sur les traces de cet honnête ouvrier de la comédie polonaise s'avance résolument un moliériste de circonstance, sorte d' « évêque voltairien », écrivain satirique de grand talent, Ignace Krasicki.

Avec François Zablocki dénommé le « père de la

comédie polonaise », l'influence du théâtre français s'élargit et s'enracine. Malgré tout son talent ou peut-être justement par la nature même de son talent, Zablocki ne se fait pas scrupule de prendre son bien partout où il le trouve — chez Thomas Corneille, chez Dancourt, Diderot, Nivelle de la Chaussée... Mais le point central d'attraction demeure pour lui la tradition molièresque, soit qu'il la cherche chez Molière lui-même ou chez des molièrisants de second ordre tels que Hauteroche et Romagnesi.

Peu à peu cependant les cadres importés de France se peuplent de personnages à la polonaise qui s'adonnent à cœur joie au déploiement de leurs caractères et tempéraments nationaux. Tel est le cas du *Sarmatisme* de Zablocki avec ses Burzywoj et Guronos et du *Retour du nonce* de Niemcewicz.

Arrivent les grands désastres nationaux et le romantisme semble vouloir bannir le rire large et fécond des lettres polonaises. Pourtant ici encore la vie est plus forte que la douleur et la Pologne — comme le proclame son hymne national né à cette époque — veut vivre avant tout. C'est alors qu'en 1793, deux ans avant le dernier partage, naquit un grand et spontané talent comique, Alexandre Fredro.

Soldat napoléonien dans son adolescence, Fredro bataille pendant cinq ans et il ne perd pas l'occasion de connaître le monde. Il connaît bien ainsi

la France et la littérature française, et Molière est
son héros littéraire préféré. Fredro sait observer
les mœurs, peindre la vie et précipiter ses personnages dans le tourbillon de l'action pleine de verve
et de franche gaîté. Les reminiscences molièresques
directes sont rares chez lui. L'action est plus trépi-
dante; ses personnages sont pris pour la plupart
dans le milieu polonais, et si Tartufe ou Harpagon
y apparaissent sous les traits du Notaire de la
Vengeance ou de Latka du *Viager*, Fredro les
transforme à fond et les recrée « à la polonaise »
en vue surtout de l' « économie du comique » et,
certes, aux dépens de la profondeur des caractères. Car Fredro n'est plus un imitateur comme
les Bohomolec et les Zablocki. C'est un disciple
qui prouve son attachement par la force même de
son émancipation et par une sorte de « loyale
infidélité ».

Issue de Molière et des molièrisants français la
comédie polonaise devient avec Fredro autonome
et originale. Et c'est là le véritable hommage rendu
au génie de Molière et au génie français dont l'influence n'est point accablante ni destructrice, mais
qui éveille, initie, fortifie et permet à chacun de
vivre sa vie propre et indépendante.

Dans la comédie polonaise post-frédrienne, si
elle ne dédaigne pas d'autres souffles étrangers,
la tradition française, la tradition molièresque est
pourtant toujours la plus vivace. Dans un sens,

par ses tendances individualistes, par son penchant à peindre et creuser les caractères aux dépens de l'intrigue, la comédie polonaise, celle de Blizinski, de Perzynski et de Mme Zapolska, demeure attachée à Molière peut-être plus naturellement, plus spontanément que partout ailleurs.

Ainsi l'œuvre de Molière vit en Pologne au théâtre où l'on représente ses pièces et dans la production des auteurs comiques où on chérit sa généreuse tradition. Je manquerais pourtant à ma modeste tâche si, parlant de Molière en Pologne, je ne mentionnais ici le troisième aspect de l'attachement polonais à l'œuvre du grand comique français. Malgré les nombreuses traductions existantes de comédies de Molière, un de nos meilleurs poètes satiriques contemporains, M. Boy (Zelenski) ici présent, s'est adonné à cette tâche délicieuse de revêtir le chef-d'œuvre de Molière du manteau bruissant et moiré de notre difficile langue polonaise. Cette traduction qui est une véritable « naturalisation littéraire » et toute cette ardente admiration de l'élite polonaise pour le génie de Molière ne nous permettront-elles pas de considérer l'immortel auteur du *Misanthrope* comme un des citoyens d'honneur des lettres polonaises ?

Monsieur le Ministre, Mesdames, Messieurs. Après cette brève évocation des liens qui se sont tissés spontanément entre le théâtre polonais et l'œuvre du grand classique français, je lève mon verre en l'honneur de cette tradition impérissable d'amitié et de profonde sympathie qui, à travers une œuvre littéraire la plus vivante et la plus généreuse, atteint et enveloppe la vie même de deux nations comme pour mieux étreindre leurs destinées.

DISCOURS DE M. HIRN

Professeur à l'Université d'Helsingfors,
Délégué de la Finlande.

C'est avec une grande satisfaction que les écrivains, les artistes et le public littéraire de Finlande ont appris qu'on voulait bien nous donner la possibilité de prendre part à cette cérémonie commémorative de Molière. Nous ne sommes pas venus seulement exprimer ici notre admiration pour le maître incomparable de la comédie moderne, mais aussi toute notre reconnaissance pour l'influence qu'il a exercée sur le développement de notre littérature et de notre art dramatique.

Si individuelle et nationale que puisse paraître l'œuvre de Molière, elle est cependant d'un caractère trop humain pour ne pas être appréciée dans les pays les plus divers. Et chez nous comme ailleurs, on en est arrivé non seulement à goûter, mais à s'approprier si complètement cette œuvre que des phrases entières des comédies françaises sont entrées dans l'usage courant de la langue et que les plus remarquables d'entre elles font partie du répertoire ordinaire de la scène nationale finnoise.

A l'époque encore récente où la culture des classes supérieures de notre pays était exclusivement suédoise de langue, la Finlande profitait immédiatement de tout ce qu'on faisait en Suède pour la connaissance de Molière. Et c'est, par exemple, un avantage inappréciable pour nous que les traductions suédoises — comme celle devenue classique de Strandberg — fassent partie du patrimoine commun à la Suède et à la Finlande. Nous devons beaucoup aussi aux éminents artistes suédois, qui dans leurs tournées en Finlande viennent se joindre à ceux de notre théâtre national suédois pour ces fêtes de l'esprit que sont pour nous les représentations du *Misanthrope*, de l'*École des femmes* et des *Précieuses ridicules*. Mais dans les circonstances actuelles ces représentations en langue suédoise ne sauraient donner qu'une idée incomplète, unilatérale de la vie intellectuelle finlandaise. C'est avant tout sur la scène où on parle la langue de la majorité de la nation, que les comédies de Molière ont pris une place d'honneur au répertoire; et ici le maître français a littéralement fait école, aussi bien chez les écrivains que chez les acteurs et le public.

Ce fut un fait de haute importance pour la jeune

littérature dramatique finnoise qu'Aleksis Kivi, son initiateur et son maître encore inégalé, ait subi fortement l'influence sinon de Molière, du moins de l'écrivain que l'on a justement appelé le Molière danois. Tout en créant, suivant l'exemple de Ludvig Holberg, la comédie nationale finnoise, Aleksis Kivi préparait en même temps son public à recevoir les comédies françaises. Il a suffi qu'un acteur comme M. Adolphe Lindfors, le doyen de notre théâtre national finnois, consacrât le meilleur de son art à certains rôles des comédies de caractère de Molière, pour leur assurer la plus grande popularité et leur permettre, seules entre toutes, de tenir l'affiche à côté des productions de notre théâtre national.

Sans doute, nous autres finlandais, nous ne pouvons prétendre à goûter Molière comme le fait le public parisien. Les habitués des hautes régions du théâtre s'amusent bien chez nous, comme ailleurs, aux gémissements de Géronte et aux convulsions d'Argan, mais le public cultivé — d'accord en cela avec le tempérament ordinaire des gens du nord — est presque trop porté à sentir et à apprécier la « profonde tristesse » qui se cache derrière « cette mâle gaîté ». Mais il n'empêche — et cela encore est caractéristique de nos pays du Nord — que nous admirons tout autant les qualités mêmes de l'œuvre de Molière qui nous sont les plus étrangères, comme la légèreté et l'élégance gracieuse de la plaisanterie, le ton d'urbanité parfaite de la satire la plus acerbe, et la clarté, la logique absolue d'une forme toujours disciplinée. On a pu voir combien ces qualités étaient appréciées du public finnois lors des représentations des *Femmes savantes* et du *Tartufe*, traduits en vers par M. Manninen.

Et ces traductions font date dans notre littérature, parce que M. Manninen a su plier pour la première fois la poésie finnoise au joug de l'alexandrin et lui donner quelque chose de la richesse, du rythme et de l'harmonie du mètre français. Il a été peut-être plus important encore que le progrès de notre art dramatique, que des acteurs et des actrices, habitués à la prose moderne ou aux vers blancs de Shakespeare ou de Schiller, aient été obligés à cette occasion de se soumettre aux exigences d'une forme sévère et d'une élégance souple. Quand notre théâtre finlandais aura atteint son plein développement, et que, tout en ne sacrifiant rien de ses caractères nationaux, il aura pu s'incorporer et s'approprier ce qu'il y a de meilleur sur les scènes étrangères, il apparaîtra alors de la façon la plus évidente combien dans ce domaine nous devons au génie de Molière.

Au nom de la Finlande entière, de ses savants, de ses écrivains, de ses artistes, qui en ce moment même représentent, sur nos théâtres, en suédois et en finnois, l'*Avare*, le *Tartufe* et les *Précieuses ridicules*, au nom du public, qui lui aussi applaudit maintenant à ces chefs-d'œuvre immortels, nous sommes fiers d'apporter ici notre tribut de reconnaissance à la grande mémoire de Molière, notre maître et modèle à tous.

DISCOURS DE M. LE Dr HANUS JELLINECK

Conseiller au Ministère des Affaires étrangères,
Délégué de la Tchéco-Slovaquie.

Le grand créateur que le monde civilisé célèbre aujourd'hui avec la France concentre en lui les plus brillantes qualités du génie français, de ce génie qui a exercé et qui exerce toujours, sur la littérature tchèque, un attrait irrésistible. C'est surtout le théâtre qui subit cette influence heureuse.

Depuis l'auteur anonyme du *Maître Patelin* jusqu'aux contemporains, depuis les poètes classiques du *Cid* et de *Bajazet* jusqu'aux classiques modernes comme Henri Becque, Georges de Porto-Riche ou Fr. de Curel, et jusqu'aux héritiers modernes de la grâce et de l'esprit de Molière comme Robert de Flers ou Sacha Guitry, il n'y a pas d'auteur français remarquable qui ne soit connu, aimé et applaudi en Tchéco-Slovaquie, qui ne tente l'ambition des acteurs et les efforts novateurs des metteurs en scène de Prague.

Mais notre amour et notre vénération vont particulièrement à celui dont le *Don Juan* a été adapté en tchèque dès le début de la renaissance nationale à la fin du XVIIIe siècle, à celui dont le *Tartufe* a été joué à Prague d'une façon solennelle à l'occasion du bicentenaire de sa première, à celui que nos meilleurs acteurs, au cours du siècle, n'ont pas cessé d'admirer en reprenant toujours les rôles de Harpagon et de Sganarelle.

Au moment où nous parlons, les deux plus grands théâtres de Prague rivalisent d'ardeur, mettant sur la scène dix pièces de Molière, et notre critique dramatique est fière de pouvoir les commenter et faire aimer davantage leur grand auteur.

Aimer Molière!... Ces jours-ci tout le monde se rappelait le brillant passage que Sainte-Beuve avait écrit sur ce thème. Je ne le citerai pas; il est présent dans tous les esprits. Mais vous me pardonnerez si j'ose le compléter :

Aimer Molière, c'est aimer l'esprit français, sa clarté, sa probité, sa noblesse, son ironie fine et sa bonne humeur, son rire franc, et qui aide à surmonter bien des difficultés dans la vie, bref : *aimer Molière, c'est aimer la France.*

DISCOURS DE M. CONSTANTIN SABAKHTARICHVILI

Député, sous-secrétaire d'État aux Affaires étrangères,
Délégué de la Géorgie.

Je me félicite de l'honneur qui m'est fourni de me trouver parmi vous en ce jour où la France célèbre le tricentenaire de la naissance d'un de ses plus illustres génies.

Je ne chercherai pas à vous dire ici ni ce qu'a été Molière dans l'histoire de la littérature française, ni son influence sur le développement de l'art dramatique en général. Des maîtres de la plume et de la parole, plus autorisés que moi, nous l'ont dit avec leur grand talent.

Je voudrais seulement vous entretenir, en quelques mots, de l'influence que cet illustre écrivain a eue sur la littérature et le théâtre de mon pays, la Géorgie, que j'ai l'honneur de représenter ici.

Quoique située aux confins de l'Europe, la Géorgie a toujours été attirée vers la culture occidentale, et c'est surtout à l'École française que nos écrivains et nos intellectuels venaient puiser. Je suis heureux, aujourd'hui, de pouvoir dire devant vous que, parmi les grands écrivains français, Molière est celui qui a eu le plus d'influence sur notre théâtre.

Au cours du XIXe siècle — surtout dans sa seconde moitié, époque à laquelle nous assistons à une vive renaissance de notre littérature et de notre art dramatique — les œuvres de Molière, traduites en géorgien, par des écrivains de talent, sont données, avec grand succès, sur nos scènes. *Tartufe*, l'*Avare*, le *Malade imaginaire* joués par nos meilleurs artistes, qui les interprètent brillamment, ont une influence considérable sur le théâtre géorgien.

Nos artistes les plus célèbres ont acquis, dans notre pays, une immense popularité en jouant Molière.

C'est un lieu commun de dire que les types des comédies de Molière sont des types permanents et universels, mais il me plaît de reconnaître ici que les personnages comme Tartufe, Harpagon, Orgon, sont tellement des types de tous les temps et de tous les lieux que nous-mêmes, aux portes de l'Asie, si éloignés du milieu dans lequel écrivait Molière, nous-mêmes, à la lecture ou à la représentation de ses pièces, nous pouvons penser qu'elles étaient écrites pour nous.

Certaines pièces de Molière, *Tartufe*, l'*Avare*, sont devenues si populaires, chez nous, elles ont été si bien assimilées, qu'elles sont considérées, pour ainsi dire, comme nationales.

Mesdames et Messieurs, vous savez tous que parmi les défauts et les vices qu'a montrés Molière dans ses comédies, un des plus infâmes qu'il a voulu flétrir est l'hypocrisie.

Eh bien! qu'il me soit permis de vous dire que le peuple géorgien est à l'heure actuelle victime de l'hypocrisie d'usurpateurs qui, sous le soi-disant drapeau de « la plus grande liberté » et de « la plus grande fraternité », l'ont courbé sous le joug de la plus brutale des dominations!...

Mais Molière savait que le vice ne saurait constamment triompher!...

Il est certain que, si le peuple géorgien ne se trouvait pas actuellement dans les grandes souffrances qui lui sont brutalement imposées par des forces étrangères, lui aussi il aurait célébré, chez lui, ce grand jour que nous célébrons ici. Et cette fête aurait été une grande fête pour le théâtre géorgien!

Au nom de mon pays, je peux vous dire que les cœurs géorgiens battent à l'unisson des cœurs français en ce jour et que nous sommes fiers de nous associer à ces solennités en l'honneur d'une des plus grandes gloires françaises qui est en même temps l'un des plus grands génies que l'humanité ait produits...

DISCOURS DE M. DANTES BELLEGARDE

Délégué d'Haïti.

C'est un grand honneur pour le représentant
de la République d'Haïti de prendre la parole dans
une telle circonstance, en un pareil lieu et devant
une si imposante assemblée. Fille de la France par
le sang et par l'esprit, Haïti avait sa place toute mar-
quée au milieu des nations qui se pressent, en ce
jour mémorable, autour du Gouvernement français, pour célébrer la gloire immortelle de Molière.
Possédant comme langue nationale exclusive la
langue française, nous avons la chance prodigieuse
de pouvoir réclamer comme nôtre votre littérature
tout entière. Mais l'histoire et la politique nous
ayant faits étrangers quand même, cela nous donne
le droit de faire l'éloge de l'esprit français sans avoir
l'air de nous vanter nous-mêmes. Or c'est bien à
la fête de l'esprit français que vous nous conviez
aujourd'hui, nul écrivain ne l'ayant plus magni-

fiquement ni aussi complètement incarné que Molière.

Ce qui distingue d'abord votre culture, c'est qu'elle semble un jaillissement du cœur même de la France et comme une harmonie de votre climat, de votre ciel, de vos croyances, de vos aspirations, de vos héroïsmes, de toute votre histoire. Mais, foncièrement française, elle se trouve être en même temps profondément humaine, c'est-à-dire universelle. L'œuvre de Molière, il n'y avait qu'un Français pour la concevoir et la réaliser; mais immense et profonde comme la mer, elle roule dans ses flots sentiments et passions, et l'homme de tous les temps et de tous les pays y découvre, en s'y penchant, le visage de son âme.

Comment le poète — en restant homme de France et Français du XVIIe siècle — a-t-il pu atteindre à cette compréhension universelle qui lui a permis de pénétrer jusqu'au fond de l'humaine nature? C'est qu'il a possédé, à un degré supérieur, ce qui constitue la qualité suprême du génie français : le don de sympathie. C'est cela qui lui a donné la clef des âmes; c'est cela qui lui a conféré le privilège rare de tout sentir, de tout comprendre; c'est cela aussi qui fait du cœur de la France le centre sonore où viennent se prolonger toutes les joies et toutes les souffrances de l'humanité.

Accueillante à toutes les formes et à toutes les manifestations de la pensée, votre âme est ouverte

à tous les souffles, qu'ils viennent des fjords glacés
de la Norvège ou des paysages gracieux du Midi
ensoleillé, et il semble que ce soit pour vous que
Sully-Prudhomme a écrit ces beaux vers :

> Quelque chose de l'homme a traversé mon âme
> Et j'ai tous les soucis de la fraternité.

Et parce que vous avez ce désir de tout comprendre
et de tout sentir; et parce que votre esprit, toujours
en éveil, expérimente toutes les idées dans l'espoir
d'y trouver la vérité qu'infatigablement il pour-
suit, quelques-uns vous accusent de légèreté :
ils nomment légèreté ce qui n'est que souplesse
intellectuelle et curiosité ardente de savoir. Et
parce que votre science n'est point hérissée de formules barbares et abstruses; et parce que vos yeux
fixent d'un regard aigu la réalité et ne se perdent
pas dans les brumes du rêve et de l'inconcevable,
on vous dit superficiels : ceux-là ne font que vous
reprocher votre clarté, les hommes étant portés à
croire profond ce qu'ils ne comprennent pas. La
clarté est une politesse de l'esprit français. Votre
génie est fait de lumière et de limpidité. C'est
pourquoi votre langue, créée à l'image de votre esprit, est l'instrument le plus fin, le plus délicat,
le plus sûr qui ait été donné à l'homme pour exprimer ses idées et ses impressions, le parler le plus
délectable que Dieu ait mis sur les lèvres humaines.

On sait — et voilà pourquoi l'on vous aime

dans le monde — on sait que si vous avez la tête près du bonnet, vous l'avez aussi près du cœur. On sait que vous avez l'enthousiasme, la bonté, la générosité. On sait — et vous l'avez combien magnifiquement prouvé ! — que vous êtes également courageux et forts. Rien ne donne de la France une idée plus exacte que ces vieux monuments celtiques, dolmens et menhirs, qui paraissent si branlants que la main d'un enfant pourrait, semble-t-il, les renverser, mais qui ont traversé les siècles, blocs immobiles et majestueux symbolisant l'âme française toujours sereine et toujours maîtresse d'elle-même dans le malheur comme dans la joie. Et rien ne symbolise davantage aussi l'œuvre de Molière, bloc de granit devant lequel défileront, nombreuses comme les flots de la mer, les générations successives venant apporter au grand Maître du Rire l'hommage de leur gratitude éternelle.

DISCOURS DE M. O. GROSWALD

Ministre de Lettonie.

Permettez-moi d'apporter ici, où la Société des Auteurs et Compositeurs dramatiques nous a invités pour fêter le souvenir de ce grand artiste qui fut Molière, l'hommage d'un peuple qui est jeune comme nation indépendante, mais qui possède une des plus vieilles langues de l'Europe, le peuple letton. Bien que les premiers essais de notre littérature dramatique remontent déjà au XVIIIe siècle, le théâtre national letton n'a pris naissance qu'il y a 50 ans environ. Notre émancipation nationale trouva un centre dans ce foyer d'art — le théâtre letton de Riga. Et c'est dès les débuts de l'activité de notre théâtre que Molière fut traduit en letton et joué d'innombrables fois. *Tartufe,* le *Malade imaginaire,* l'*Avare* et d'autres pièces ont été joués en letton devant un public qui les a chaleureusement applaudis et admirés.

Par son esprit observateur, par son humour, par
son réalisme, votre grand auteur a été tout particulièrement près de notre caractère national, et nos
acteurs auxquels la grandeur d'un Racine et d'un
Corneille était peut-être moins familière ont toujours excellé à rendre une vie intense aux personnages si vivants de Molière. Je voudrais exprimer
ici la gratitude émue de tous ces innombrables
spectateurs lettons qui ont goûté à l'art pur de
Molière et exprimer l'admiration du peuple letton pour le génie français.

DISCOURS DE M. MIODRAG IBROVAC

Agrégé des Lettres,
Délégué de la Yougoslavie.

Si l'honneur est grand pour un admirateur de Molière de saluer aujourd'hui sa mémoire, le mérite en est, certes, bien moindre. Combien plus touchante devait être, en effet, l'admiration d'un contemporain du grand poète, de quelque obscur spectateur du Palais-Royal s'interrompant un soir de rire pour pleurer le pauvre malade imaginaire qui, cette fois, se mourait pour de bon...

Les Yougoslaves sont fiers qu'un de leurs compatriotes ait honoré le génie de Jean-Baptiste Poquelin de son vivant, alors qu'il était moins célèbre, et cet hommage est d'autant plus émouvant qu'il fut rendu au milieu de circonstances tragiques. Enfermé dans une prison autrichienne, et pour adoucir sa dure captivité, un poète yougoslave, le gentilhomme croate Frano Frankopan, a traduit, en 1670, *Georges Dandin*, publié l'année précédente à Paris. Mais il ne put achever son œuvre : au printemps suivant, il expia sur l'échafaud son amour pour son peuple.

C'est une des premières traductions de Molière en général, et la première, je crois, de *Georges Dandin*. Cependant, un siècle déjà avant Molière, le meilleur auteur comique de notre Renaissance, le Ragusain Marin Drzic, avait écrit trois comédies qui présentent d'étonnantes ressemblances avec *Georges Dandin*, l'*Avare*, le *Mariage forcé* : des scènes entières s'y suivent toutes pareilles... Loin de moi la pensée de chercher querelle à Molière : si le grand homme prenait son bien où il le trouvait, il n'est jamais allé jusqu'en Dalmatie. Pourtant, cette ressemblance, qui surprend l'historien littéraire, est-elle un pur hasard, provenant du fait qu'à tous les temps et partout il y a eu des avares, et aussi, peut-être, des maris trompés? Non. Les deux poètes, simplement, avaient imité les mêmes modèles : Plaute, Boccace, une farce italienne anonyme. Mais le fait de posséder avant Molière un Harpagon, un Dandin, un Sganarelle, n'est-ce point déjà un gage de la grande faveur dont devait jouir votre incomparable comique dans la littérature yougoslave?

Au début du XVIIIe siècle, il a été l'auteur préféré de Raguse. Vingt de ses comédies — les meilleures — y furent traduites, adaptées, jouées (*Psyché*

et *Don Garcie* en vers). Il eut dans la capitale dal-
mate son théâtre à lui (« Orsan »), sa troupe à lui
(« la Compagnie des Bons Vivants »). Je ne parle
pas du XIXᵉ siècle, qui a fait de votre écrivain l'auteur presque national de toutes les scènes du monde;
si, de partout, nous avons accouru à ces fêtes, c'est
un peu pour vous le disputer... Nous applaudissons
aujourd'hui toutes ses pièces. Bien plus, Harpagon,
Tartufe, Alceste, donnant le bras à Angélique, à
Dorine, à Célimène, sont reconnus et nommés dans
les rues de Belgrade aussi bien que sur vos boule-
vards.

J'apporte donc à la mémoire du grand Molière
l'admiration spontanée, trois fois séculaire, d'une
littérature qui le connaît, qui aime son génie libre,
sincère, intrépide, à la fois espiègle, tendre, grave,
si profondément humain, enfin pour tout dire :
le génie français (1).

(1) Molière a été fêté solennellement à Belgrade du 15 au
19 janvier 1922. Sept de ses pièces, précédées de conférences et suivies d'intermèdes et de l'apothéose de Molière,
y ont été jouées, en serbe et en français, par les acteurs du
Théâtre National, les membres de la société « Les Amis de
la France » et les étudiants amateurs. Le Théâtre National
de Zagreb, ainsi que les autres scènes yougoslaves, ont
consacré à Molière des soirées de gala.

17 JANVIER 1922

———

Réception des Délégués étrangers
à l'Hôtel de Ville.

DISCOURS DE M. CÉSAR CAIRE

Président du Conseil municipal de Paris.

Permettez-moi de vous remercier d'avoir bien voulu associer le Gouvernement à l'hommage rendu par la Ville de Paris, en même temps que par la France et le monde, à celui qui fut si complètement son fils.

C'est pour nous une vraie joie de voir rester en vos mains le dépôt des destinées de l'Enseignement en France, car nous vous sommes très reconnaissants de défendre avec tant de conviction et de talent les fortes et traditionnelles disciplines d'esprit qui ont placé si haut nos lettres françaises et nous serions volontiers disposés à répéter ce que disait tout récemment l'un de nos plus célèbres romanciers lors du centenaire de Gustave Flaubert : « Le jour où les lettrés de notre pays ne sauront plus le latin, cette prose qui fait une de nos plus indiscutables supériorités aura vécu. »

Messieurs,

J'offre nos souhaits d'affectueuse bienvenue aux éminents délégués des quarante-quatre nations réunis pour prendre part aux fêtes du troisième centenaire. Leur présence nous est chère et précieuse : les amis de Molière sont les amis de la France.

Laissez-moi aussi saluer de tout cœur les représentants de la Comédie-Française, de cette glorieuse institution qui honore Paris et l'art national et qui nous a donné tant d'admirables artistes dont quelques-uns demeurent incomparables. Placée sous le patronage de Molière, elle ne pouvait mieux faire que mériter le nom donné jadis par lui à la première compagnie qu'il fonda sous le beau et juste titre d' « Illustre Théâtre ».

Je n'aurai pas, Messieurs, l'audace d'entreprendre devant vous le panégyrique de l'immortel auteur qui n'appartient plus seulement à sa Ville et à sa Patrie, mais à l'Humanité entière. Avec toute l'autorité que lui assurent ses fonctions et la haute qualité de son esprit, le grand maître de l'Université a parlé au nom du Pays, et Molière a reçu le légitime tribut de la reconnaissance nationale.

Après les superbes discours que nous avons entendus ces jours-ci, il ne reste plus rien à dire.

Vous pardonnerez cependant au patriotisme local des Parisiens de rappeler brièvement et non sans quelque orgueil, ce que Jean-Baptiste Poquelin doit à sa cité natale.

Comment oublierions-nous, en ces heures toutes remplies de sa gloire, qu'il naquit il y a trois cents ans dans nos vieux quartiers en un jour de janvier où Paris reçut ainsi de belles étrennes, suivant la jolie expression du président si aimé de la Société des Auteurs et Compositeurs dramatiques, M. Robert de Flers, dont la parole n'a cessé, depuis le début de ces fêtes, de nous enchanter délicieusement ?

Comment oublierions-nous qu'il grandit au milieu de notre laborieuse population et qu'il repose aux côtés de Jean de la Fontaine dans une sépulture qu'entretiennent depuis un siècle les soins fidèles et pieux de la Municipalité ?

Par sa famille établie dans nos murs dès le milieu du XVe siècle, par son éducation, il est bien un Parisien de Paris comme Villon, Boileau, Beaumarchais et tant d'autres écrivains satiriques dont la verve étincelante incarne le libre génie de notre ville toujours épris de sagesse et de progrès.

Enfant, il s'émerveille devant les spectacles qu'offre la grande Cité. Écolier, il passe, chaque jour, non loin de cette place même où s'élève notre Palais communal. Il traverse le Pont-Neuf où ses yeux curieux contemplent les jeux des bateleurs. Dans le plus fameux de nos établissements scolaires d'alors, le collège de Clermont, aujourd'hui lycée

Louis-le-Grand, son intelligence ardente reçoit la solide formation classique qui, respectant la liberté de l'esprit, ne la soumet qu'aux lois éternelles de la raison.

Par sa langue et son style, il est de nos rues et de notre peuple. Ainsi que l'a fait remarquer un de nos judicieux critiques : « Molière, bourgeois de Paris, parle comme aux Halles ou au Palais, non comme à Port-Royal ou à la Cour, car il est avant tout de sa condition et il l'est demeuré jusqu'au bout. »

Dirai-je aussi qu'en véritable enfant de la capitale, il se laissait aller aisément à quelques plaisanteries innocentes sur nos sœurs, les cités provinciales, dépeintes par la Marianne de *Tartufe* avec quelque malice?

> Vous irez par le coche en sa petite ville,
> Qu'en oncles et cousins vous trouverez fertile.
> . . . .
> Vous irez visiter pour votre bienvenue
> Madame la Baillive et Madame l'Elue,
> Qui d'un siège pliant vous feront honorer ;
> Là, dans le carnaval, vous pourrez espérer
> Le bal et la grand-bande, à savoir deux musettes
> Et parfois Fagotinet les marionnettes.

Évoquerai-je les douces railleries dont il pourchasse, en la personne de M. de Pourceaugnac, les habitants d'une province, qui cependant nous a fourni tant d'excellents concitoyens? « S'il a envie de se marier, que ne prend-il une Limousine et ne laisse-t-il en repos les chrétiens. »

Avouerai-je enfin plus discrètement qu'en bon Parisien, il décoche quelques critiques à l'édilité de l'époque et que, dès les *Précieuses ridicules*, Mascarille se plaint de l'entretien de nos rues, jugées par lui « un peu crottées ».

Ah! comme Molière est bien de chez nous! Mais ne nous laissons pas entraîner trop loin. Molière portait en lui le génie de la mesure. Efforçons-nous de l'imiter et ne ressemblons pas à sa Précieuse qui, d'un ton impérieux, déclarait qu' « il faudrait être l'antipode de la raison pour ne pas confesser que Paris est le grand bureau des merveilles, le centre du bon goût, du bel esprit et de la galanterie », et tenait que « hors de Paris il n'y a point de salut pour les honnêtes gens ».

Aussi, renonçons-nous de très bonne grâce à tous droits exclusifs de propriété de Paris sur Molière.

Nous savons tout ce dont son génie est redevable à la province qu'il parcourut durant des années et où il recueillit ses premiers succès. Nous aimons en lui l'écrivain national, choisissant ses personnages parmi nos compatriotes et les situant dans un milieu qui nous est familier, défendant l'esprit de la race, ses traditions de bon sens et d'équilibre. D'accord avec toutes les nations ici représentées, communiant avec elles dans la même admiration et dans le même amour, nous saluons en Molière l'analyste du cœur humain, qui, d'un regard profond et avec une bonté attendrie, a su discerner nos faiblesses et nos misères. Nous honorons en lui le génie de la saine et franche gaîté, le génie universel que Paris est fier d'avoir donné au monde reconnaissant.

DISCOURS DE M. A. AUTRAND

Préfet de la Seine.

J'éprouve un sentiment de grande fierté en saluant, à mon tour, la présence, dans cet Hôtel de Ville de Paris, des délégués de quarante-quatre États, alliés ou amis, venus en pèlerinage, des quatre coins du monde, aux lieux où, il y a trois cents ans, naquit un des hommes qui ont le plus honoré l'humanité, qui l'ont le mieux connue et le mieux aimée.

Pour bien comprendre Molière, ne faut-il pas, en effet, suivant les méthodes de la critique contemporaine, le situer dans son milieu, parmi d'autres écrivains fameux, nés comme lui dans notre capitale, et qui, par tant de traits, s'apparentent à son génie : Villon, Boileau, La Bruyère, Regnard,

10

Marivaux, Voltaire, Beaumarchais, Musset, Baudelaire ?

Pour bien comprendre Molière, ne faut-il pas, au hasard des promenades, évoquer les vieilles demeures de la rue Saint-Honoré, dont deux au moins, comme autrefois pour Homère, se disputent l'honneur de lui avoir donné le jour, remonter les quais de la Seine, jusqu'aux Célestins où fut son premier théâtre, descendre vers la petite maison d'Auteuil et les cabarets où il retrouvait ses amis, Chapelle, La Fontaine et Boileau ?

Le plus grand comique de tous les temps appartient à Paris, presque en entier, par son berceau, par sa vie agitée et fiévreuse, par sa tombe, si chèrement disputée. Et comme une association plaisante et justement réputée s'est instituée spirituellement : « les Parisiens de Paris », Molière aurait, dans les Champs-Élysées, tous les titres à fonder et à présider une association, l'académie des Grands Hommes de Paris.

Mais il appartient à Paris surtout par son œuvre, par ses personnages, par les types inoubliables dont il a trouvé les modèles au cœur même de la Cité, du Louvre à la place de Grève, ou, comme on disait alors, de la Cour à la Ville. Sans doute ce Parisien avait commencé par faire son tour de France, à l'affût des types originaux, poursuivant jusqu'au fond de leurs gentilhommières M. de Pourceaugnac et la comtesse d'Escarbagnas ; ses précieuses, à la vérité, étaient arrivées récemment de leur province; mais ses marquis, écervelés et fats, sont bien du même faubourg que les lions ou les dandys de Balzac ou de Musset; ses bourgeois, Gorgibus et Sganarelle, ont sûrement tenu boutique entre la rue de la Verrerie et la Croix-du-Trahoir, comme M. Jourdain, dans sa jeunesse, avait vendu du drap à la porte Saint-Innocent; M. Dimanche, quand il aura fait rentrer l'argent de tous ses mémoires, et M. Josse, qui place si bien les garnitures de diamants, seront, quelque jour, candidats à l'un de ces conseils des marchands, vénérables ancêtres de l'illustre Chambre de Commerce de Paris.

Si la pauvre Agnès, élevée dans un couvent de campagne, est demeurée d'une ignorance extrême, Henriette, Élise et les autres ont reçu des clartés de tout dans un des meilleurs pensionnats du Marais, et ce n'est pas la faute de l'auteur, si nous ne devinons qu'à moitié à quoi rêvent ces jeunes filles qu'enveloppe, malgré la décision de leur caractère, un peu de la réserve mystérieuse de l'éternel féminin.

Ses servantes, si franches, si gouailleuses, si dénuées de respect, ne sont-elles pas filles ou nièces de petites marchandes des quatre-saisons, dames d'honneur du duc de Beaufort, roi des Halles? Et Dorine, Toinette ou Nicole, mariées sur le tard à quelque Gros-René, ne seraient-elles pas, peu ou prou, la grand'mère d'une autre Parisienne, avantageusement connue, même en Turquie, cette marchande de marée, forte en gueule, qui a nom Mme Angot?

N'en doutons pas, Messieurs! Si nous adorons Molière, et si vous l'aimez tant, vous que la culture française attire, charme et retient, c'est parce qu'il a su mettre dans ses écrits la mousse légère des petits vins qu'on récoltait de son temps sur les coteaux de Suresnes ou d'Argenteuil; c'est parce qu'il a fixé ce qu'il y a peut-être de plus insaisissable au monde, la grâce et le bon ton, l'art délicat et nuancé de la conversation, qu'on appelait de son temps l'esprit des ruelles, et que nous nommons aujourd'hui l'esprit boulevardier.

Cet esprit parisien, je n'oserais essayer de le définir, mais vous le reconnaîtrez, au travers des œuvres de Molière, tout d'abord à cet instinct de l'observation, à ce goût d'être en toutes choses immédiatement renseigné, qui, de nos jours encore, rassemble si facilement nos concitoyens autour des chiens écrasés et des voitures versées. Badauderie, dira-t-on? Curiosité plutôt, puissance évocatrice de l'imagination, besoin de savoir, qui, pendant des heures entières, clouait Molière au fauteuil du barbier de Pézenas.

Esprit caustique aussi et mordant, irréductible ennemi du ridicule, qu'on ne tuera jamais et que poursuivent jusqu'à nos jours les saillies implacables d'un Gavroche, et les réflexions naïvement poivrées des gosses de Poulbot. Sens aigu de l'égalité, qui n'admet pas que « les gens de qualité sachent tout, sans avoir rien appris » ou, comme dira Beaumarchais, qu'un grand seigneur n'ait eu qu'à se donner la peine de naître. Des retours mélancoliques sur les misères de la vie, un rire qui se hâte, pour devancer les larmes, une envie de pleurer de ce dont on vient de rire ; et malgré tout, un fonds d'optimisme, un parti pris d'endurance, fait d'espoir et de dédain, qui deviendra la blague du rapin dans son atelier sans feu, le « t'en fais pas » stoïque du poilu dans la tranchée.

Par-dessus tout le reste, un esprit de modération, un sens de la mesure, un ensemble harmonieux de qualités qui se mitigent et s'associent, ce que les contemporains de Molière appelaient d'un si joli nom : l'honnête homme. Dans chacune, ou presque, des grandes œuvres de sa maturité, un personnage passe, le plus souvent vêtu de noir, qui se mêle peu à l'action, et qui la domine, faisant entendre, au bon moment, les conseils de la « parfaite raison ». C'est le sage tel que l'a conçu Molière, le sage « avec sobriété ». C'est le Français du XVIIe siècle, en qui s'unissent le bon sens, cher à Descartes, la raison naturelle prêchée par Bossuet, et l'équilibre des passions entrevu par Pascal. C'est le Français de tous les temps, c'est le prototype de l'homme de bien et du philosophe, si la vertu devait une fois régner sur la terre et si un jour devait venir où les philosophes seraient rois.

Où donc notre grand Molière a-t-il puisé sa connaissance approfondie du cœur de l'homme, sa lucidité de jugement, la sûreté et la perfection de sa forme, impeccable jusque dans les excès truculents de ses plus grosses bouffonneries ?

Disons-le hautement, à la gloire de ces études classiques, qui furent un temps si injustement décriées, et qu'un ministre, homme de goût, que nous avons la bonne fortune de voir continuer son œuvre, qui commence à représenter la stabilité gouvernementale, affirme sa volonté de remettre en honneur. C'est dans le commerce des auteurs antiques, dans la fréquentation des belles-lettres, dans la pratique patiente et prolongée du grec et du latin, que Molière a puisé la variété, la finesse, l'élégance, l'expression juste et choisie. Une légende charmante veut que son grand-père qui le « gâtait », suivant le mot de Sainte-Beuve, ait obtenu pour lui de ses parents la faveur insigne, et rare pour un petit bourgeois de l'époque, de faire ses humanités au collège de Clermont, qui devait s'appeler plus tard du nom de son royal protecteur, Louis-le-Grand. Il y traduisit Lucrèce, il s'y pénétra de l'esprit de Plaute et de Térence, qui devinrent comme les deux moitiés de son génie.

Mais s'il est vrai que Molière a, de cent coudées, dépassé ses modèles, rendons justice aussi à la préexcellence de son génie. Des hommes comme lui, lorsqu'ils éclosent spontanément, fût-ce dans la floraison épanouie d'un grand siècle, échappent aux classifications, et font éclater les barrières. Ce sont comme des astres lumineux, qui apparaîtraient au firmament, en dehors des constellations connues. Il en est quatre ou cinq au monde, sans plus, et, caractéristique frappante autant qu'instructive, il y a entre eux des ressemblances, des points de contact, des traits communs, un véritable air de famille. Si la verve de Molière ignore les âpres vigueurs de Dante, satirique vengeur, elle s'en rapproche pourtant — on le rappelait hier — par certains élans de vertueuse indignation. Et dans le conflit qui met aux prises Alceste et Philinte — sans que nul, parmi les plus subtils, puisse dire lequel a pleinement raison — ne trouverons-nous pas comme un reflet de l'éternelle opposition qui immortalisa l'auteur de Don Quichotte et de Sancho Pança? N'est-ce pas ce même souci d'opposer la thèse et l'antithèse, la réalité vulgaire et l'idéal féerique, qui dicta l'adorable fantaisie du *Songe d'une Nuit d'été* au père du bouffon Falstaff et d'Hamlet le désabusé?

Ces grands génies, Messieurs, ne sont le patrimoine exclusif d'aucun pays. Par-dessus la mêlée mesquine des intérêts et des passions, ils sont notre gloire commune, notre orgueil à tous : ils nous rendent plus fiers d'être des hommes, à qui rien d'humain ne saurait rester étranger. Ils sont à vous, comme à nous. C'est la raison profonde de votre présence à ces fêtes; et vos cœurs, j'en suis sûr, battent à l'unisson des nôtres, lorsque nous plaçons sous leur auguste patronage nos plus saintes espérances en un avenir de paix, de concorde et de fraternité des nations.

DISCOURS DE M. VALKHOFF

Professeur à l'Université d'Utrecht.

C'est avec une grande joie que les délégués du Gouvernement hollandais, qui sont fiers d'être les hôtes de la France, profitent de cette occasion pour vous exprimer leur profonde reconnaissance et vous dire toute l'admiration que la Hollande ressent pour votre grand Molière.

Depuis 1663, depuis que parut la première traduction en hollandais d'une pièce de Molière, jusqu'à nos jours, on n'a cessé de le traduire et de l'imiter.

En ce moment même, trois excellentes troupes hollandaises représentent le *Misanthrope*, le *Malade imaginaire*, le *Médecin malgré lui* et *Georges Dandin*, et toutes nos grandes revues et tous nos grands journaux consacrent des articles à Molière.

Il n'est pas surprenant que depuis trois siècles Molière soit l'auteur comique étranger le plus admiré en Hollande.

L'esprit néerlandais fut de tout temps profondément réaliste. Il évite ce qui est nébuleux ou complexe, et les manifestations les plus pures de cet esprit, c'est-à-dire l'art et la littérature, sont empreintes de ce même réalisme. Nos peintres abordent rarement des sujets mystiques ou surnaturels; ils puisent leurs sujets dans la vie réelle, parfois dans la plus humble réalité, et parviennent souvent à en faire de la beauté.

Molière aussi est, avant tout, le peintre réaliste de la société contemporaine et nous montre à tout moment des intérieurs qui valent les meilleures toiles de l'école hollandaise. Plusieurs scènes de Molière, richement nuancées et chaudement plastiques, sont autant de Jan Steen, de Vermeer et de Gerard Dow! Toute l'œuvre de Molière n'est-elle pas une vivante galerie d'admirables intérieurs?

Les Hollandais aiment également chez Molière la parfaite connaissance des exigences de la scène. Molière n'ignorait aucun des secrets du métier d'auteur dramatique, et vous savez que Gœthe, qui relisait chaque année quelques-unes de ses pièces, attirait un jour l'attention d'Eckermann sur la façon magistrale dont Molière sait « faire quelque chose de rien ». Il lui montra la scène où Argan interroge la petite Louison sur la conduite de sa sœur. Chez un autre auteur de comédies une pareille scène serait devenue facilement banale; Molière au contraire fait de cet interrogatoire une scène extrêmement nuancée et vivante. Ce n'est donc pas seulement l'émouvante entrée de Tartufe au troisième acte, qui montre la merveilleuse entente scénique de Molière.

Tout cela fait que chaque représentation d'une pièce de Molière en Hollande est en même temps une excellente leçon dramatique pour les auteurs et les acteurs hollandais.

Molière est l'apôtre du naturel, il fait rire aux dépens de tous les défauts et de tous les vices qui s'écartent de la nature. Les Hollandais également trouvent facilement, trop facilement ridicule ce qui ne semble pas s'accorder avec le bon sens, et cette tendance à n'aimer que le naturel les fait tomber parfois dans l'amour de la banalité.

Pas moins que par la véracité et la beauté plastique de son théâtre, les Hollandais se sentent donc attirés par la philosophie de Molière, cette philosophie qui, comme toute la littérature française, donne d'admirables leçons d'humanité, cette philosophie qui nous apprend à haïr également le pédantisme, la préciosité, l'hypocrisie, l'intolérance.

Et la philosophie de Molière étant une philosophie éminemment française, c'est donc à travers Molière, Mesdames et Messieurs, que la Hollande glorifie en ce moment l'immortelle pensée de la France.

DISCOURS DE M. LÉON BÉRARD

Ministre de l'Instruction publique et des Beaux-Arts.

Je ne puis que remercier par les paroles les plus simples M. le Président du Conseil municipal et M. le Préfet de la Seine de leurs sympathiques et chaleureuses paroles de bienvenue. Je n'ai ici qu'un rôle très modeste à jouer; j'ai déjà salué, à plusieurs reprises, MM. les Délégués étrangers et demain j'aurai encore, et je m'en réjouis, l'occasion de leur exprimer de nouveau nos profonds sentiments de gratitude. Dans la circonstance qui nous réunit aujourd'hui, laissez-moi donc vous exprimer très simplement la joie que j'éprouve à me joindre à la Ville de Paris pour fêter l'un de ses plus illustres enfants.

Il convenait d'ajouter à cette fête nationale et à cette fête humaine cette note de régionalisme artistique, car le quartier des Halles et la paroisse

Saint-Eustache avaient bien le droit de réclamer ce qui est leur bien propre. Comme l'ont excellemment marqué les orateurs que nous avons applaudis, beaucoup de ce que nous aimons et de ce qui est immortel dans l'œuvre de Molière provient du terroir, de cette langue de terre sacrée qui est entre les Halles et la Pointe Saint-Eustache. Molière, par son génie, par l'admiration de l'humanité pour son œuvre, est un de ces liens merveilleux qui, comme une chaîne d'or, réunit les cœurs à travers le monde en un miracle d'unanimité dont il est plus particulièrement réconfortant de constater l'efficacité à l'heure où nous sommes. Avec aucun autre écrivain français, nous n'aurions pu réaliser ce miracle; il convenait que la Ville de Paris y fût associée et que nous, qui avons eu l'honneur de rendre hommage à Molière au nom de la Nation — car nous sommes tous, par nos aspirations, par nos goûts, des Parisiens — il convenait, dis-je, que nous venions saluer cette gloire parisienne et dire à Paris à cette occasion notre affection et notre fidélité.

Mon cher Président, vous savez que je ne venais point ici pour faire un discours; pour vous le prouver je vais mettre votre modestie à une rude épreuve, car il y a des distinctions que le Gouvernement accorde et qui sont de nature à éprouver la modestie de ceux qui les reçoivent. Je me suis aperçu que vous n'êtes qu'officier d'Académie. N'en soyez pas trop surpris, il n'est pas rare que les Ministres soient moins bien informés que quiconque sur les choses qui sont de leur ressort. Sachant cela, j'ai donc décidé, moins pour vous donner le sujet de vous en enorgueillir que pour faire ressortir le lien étroit et cordial qui unit le Ministère de l'Instruction publique à la Municipalité de Paris, de vous demander d'accepter ce soir la rosette d'officier de l'Instruction publique.

Vous avez excellemment parlé tout à l'heure, monsieur le Président, de la question des humanités, question très chère à tout cet auditoire, si j'en juge par la façon dont vos paroles ont été accueillies. Je m'attache, en effet, pour ma part, à lui donner la place qu'elle mérite et, ce faisant, je ne fais que me conformer à l'opinion de gens autorisés, car je ne prétends pas avoir inventé quoi que ce soit. Mais vous avez eu raison de dire que Molière était un bon humaniste. J'ai lu autrefois dans Faguet que Molière avait dû faire de médiocres études. Je ne sais où ce savant écrivain avait pris cela, mais je crois qu'un jeune Français qui était capable de traduire le poème de la *Nature* de Lucrèce en vers français était un excellent rhétoricien. Nous n'en demandons pas autant aujourd'hui aux rhétoriciens, et j'ajoute que les rhétoriciens n'en demandent pas tant au Ministre.

En terminant, mon cher Président, je voudrais presque m'excuser de la promotion que je vous apporte, mais cependant, si vous voulez bien y voir un témoignage de mon affection personnelle et des bonnes relations qui existent entre Paris et le Ministère de l'Instruction publique, j'en serai très heureux.

SONNET DE M. HARAUCOURT

Président de la Société des Gens de Lettres.

MOLIÈRE.

Pauvre maître, une femme a désolé ta vie.
Après les jours sans calme et les soirs sans repos,
Après la foule inepte, après les oripeaux,
Après la fièvre, et l'œuvre âprement poursuivie.

Épuisé par l'effort, harcelé par l'envie,
Tu rêvais de dormir sur un cœur plus dispos;
Mais on te rapportait le baiser des tripots,
Et tu connus les bras dont l'amour se défie.

Tu pleurais. La catin riait à son miroir,
Fière de ta douleur, et joyeuse de voir
Que son œuvre était plus vivante que la tienne.

L'amour et l'art. Et tu mourus en célébrant,
Martyr, tes deux bourreaux, ta chimère et ta chienne,
L'amour qui t'a fait triste et l'art qui t'a fait grand.

18 JANVIER 1922

Réception des Délégués étrangers au Cercle interallié.

DISCOURS DE M. JEAN WALCH

Professeur à l'Université de Leyde,
Délégué des Pays-Bas.

La petite Hollande semble peut-être un peu
indiscrète. Un de ses délégués a déjà parlé hier
à l'Hôtel de Ville, au nom des délégués étrangers.
Pourtant j'espère que vous voulez bien me permettre de dire deux mots et cela au nom de mon
pays.

D'abord pour remercier nos hôtes qui nous ont
invités à ces belles fêtes de Molière; ces fêtes qui
ont eu pour nous des moments inoubliables. Ah!
ce moment du *juro*, hier à l'Opéra, lorsque l'émotion interrompait le rire. C'était un moment bien
français; un moment digne de Molière.

Car la France et Molière sont un. Et pourtant
on a très bien dit que Molière n'appartient pas à
une seule nation, mais au monde tout entier. C'est

qu'il révèle la beauté de toute l'âme humaine;
mais il nous la montre d'une manière qui est bien
celle de son pays. Cette beauté, il la cache derrière
le comique, un comique qu'il s'efforce de rendre
franc et fort, un comique qu'il accentue, — pour
exprimer aussi discrètement que possible sa profonde conception de l'humanité.

La Hollande, Mesdames et Messieurs, a depuis
le commencement du moyen âge subi une forte
influence de l'esprit, de la littérature et du théâtre
français. Mais pour Molière elle a eu un culte tout
à fait particulier. C'est en hollandais que ses œuvres
ont été traduites le plus souvent. La revue *le
Moliériste* relate que de 1670 à 1869 on a publié
chez nous cent vingt-deux traductions en hollandais, et deux en frison. Je vais tâcher de vous dire
la raison de ce culte, exceptionnel dans l'histoire
du théâtre.

Les Hollandais ont dû pendant des siècles consa-
crer une grande partie de leur énergie à leur lutte
contre les éléments. C'est un peuple travailleur,
simple, pratique, un peuple de paysans, de pêcheurs,
de marchands. Nous joignons à l'esprit critique un
goût profond pour l'humour. En effet, l'humour
que montrent nos paysans est d'une marque particulière. Il jaillit moins vivement que l'esprit
français; il n'a pas ce côté rayonnant et profondément intellectuel; il est surtout plastique, et
dans ses images il est d'une ironie placide et en

même temps très fine. Et il prend pour cible surtout tout ce qui s'écarte du naturel.

C'est ce dernier trait qui nous apparente à Molière. Mais Molière n'est pas seulement un amuseur; c'est tout le cœur humain avec ses faiblesses, ses misères et aussi ses vices qu'il a porté sur la scène; et cette révélation de l'homme, la Hollande aussi l'a comprise et elle lui a inspiré une admiration qui à travers les générations ne s'est jamais démentie.

Aussi la Hollande a-t-elle saisi avec empressement l'occasion que lui offrait le troisième centenaire de la naissance de Molière pour célébrer ce génie et exprimer sa gratitude pour la contribution que votre grand écrivain a apportée au patrimoine intellectuel et artistique de l'humanité. Des conférences ont été faites dans les universités populaires, dans les cercles littéraires; et des représentations de gala sont données ces mêmes jours-ci par les principales troupes de comédie et par nos grands acteurs : Mme Vanderhorst, MM. Musch, Royaards, Hubert La Roche, Van Dyk.

Je suis heureux d'avoir pu être l'interprète de mes compatriotes et d'avoir pu exprimer ici en leur nom l'attachement et l'admiration qu'ils éprouvent pour cette manifestation la plus profonde et la plus vivante du génie français qu'est Molière.

DISCOURS DE Mlle HÉLÈNE VACARESCO

Déléguée de la Roumanie.

Le devoir de vous remercier pour l'accueil inoubliable que vous avez bien voulu nous faire appartient à d'autres qui se seront à merveille acquittés de cette tâche.

La courtoisie et le charme sont ici dans leur patrie. En venant vers elle aucun de nous n'aura été surpris de les y rencontrer. Que par surcroît il se soit, pour nous recevoir, trouvé un Ministre qui, des exigences parlementaires, ne remplit en notre faveur que la plus belle, l'éloquence, et du souci politique devant nous ne garde que le soin de se faire à chaque mot de nouveaux partisans, que de sa culture abondante et touffue il nous offre une vivante synthèse où se jouent en prismes légers l'art de bien penser et celui, tout aussi subtil, de bien dire, voilà qui est pour nous prouver qu'en nous guidant vers vous, la grande image de Molière a choisi l'heure où la France du passé et la France du présent se trouvent unies en un rayonnement pareil.

Mon pays tout entier tiendra pour délectables les circonstances qui l'autre jour, au déjeuner charmant où nous avait conviés la Société des Auteurs et Compositeurs dramatiques, donnèrent pour porte-parole de votre bonne grâce à notre égard celui que là-bas chez nous certains appellent : le maréchal de Flers.

Jugeant sans doute que le maréchalat des lettres en vaut d'autres, que pour avoir sur nos champs de bataille et dans notre azur dangereux de 1918 mêlé à l'esprit que vous lui connaissez l'héroïsme inhérent à votre race, M. Robert de Flers méritait ce titre, ils le lui ont donné d'autorité sans consulter ni l'annuaire ni l'usage, et je pense que vous ne chercherez pas à le lui enlever.

Mais hélas ! chère élite intellectuelle de la France, de la France assemblée autour de ce festin...

> Il est un seul point, je vous le confesse,
> Où votre sagesse
>   Me semble en défaut :
> Vous n'osez pas m'être assez *inhumaine*,
> Mon *pays* vous gêne
>   Pourtant il *le* faut.

Car, y avez-vous seulement réfléchi, Molière, s'il était là, ne me verrait pas d'un bon œil.

Je suis auprès de lui, sinon la plus significative,

du moins la plus inattendue des délégués. Songez-y !
une femme, une poète conviée à célébrer Molière.

S'il était là, par la voix d'Arnolphe il m'ordonne-
rait de mettre « une tarte à la crème » dans le cor-
billon « que depuis cinq jours vous enrichissez à
la ronde afin de le lui présenter. Il verrait en moi
le spécimen par excellence de « l'adroite femelle »
— j'allais dire la pécore, qui se trouve en ces lieux
où l'on ne la veut pas. Il me demanderait aussi de
ne pas savoir « ce que c'est qu'une rime », et —
pour le malheur des rimes et des rimeurs — je
le sais. Molière a fait à celles d'entre nous qui se
targuent de goûter les lettres, de vertes, de salu-
taires leçons et qui ont à plusieurs ôté l'envie d'en-
filer des bas bleus.

Et cependant, vous le savez, Molière aimait les
femmes, et sans doute pour avoir par elles beaucoup
souffert et partant beaucoup appris. Il sait que le
coup d'éventail de Célimène fait mal.

Ce cœur vaste que sillonnèrent en tous sens la
pitié et la connaissance aiguë des faiblesses humaines témoigne à celles de notre sexe une compas-
sion que souligne sans la voiler son rire étincelant
et amer comme celui des flots, rire si français que
pour l'avoir entendu avec vos chansons de gestes
tinter aux routes du moyen âge, retentir d'ingénieuse truculence aux pages de Rabelais et en telle
phrase de Montaigne sonner cristal moqueur, nous
le voyons dans les comédies de Molière devenir le

symbole même de la gaîté pensante où se résument l'attrait et la fatalité heureuse de votre nation. Si Molière était là, Eh bien, à tout prendre et au nom de cet orgueil tendre et presque national qu'à travers lui la France nous inspire, je crois qu'il me tolérerait. Vous pourriez le lui demander, vous monsieur l'Administrateur de la Maison et qui si bien la dirigez et nous la rendez si digne de son illustre fondateur que vous n'avez besoin pour être aidé dans ce soin que de Nicole et Martine. Vous pourriez vous aussi intercéder auprès de Molière en ma faveur, vous les comédiens, les héritiers directs du patrimoine inépuisable qu'est son génie, vous parmi lesquels, à force de talent et de magnifique ardeur, deux Roumains se sont glissés, deux Roumains dont la Roumanie est très fière et qui sont Français comme seuls des Roumains savent l'être, car c'est là une de leurs manies et l'exemple est pour nous démontrer que parfois elle leur aura réussi.

Je n'ai pas besoin de « mettre en madrigaux l'histoire roumaine » pour vous apprendre que depuis le début du XVIIIe siècle et sans interruption jusqu'à nos jours, Molière règne en Roumanie.

Nos cinq théâtres nationaux que je représente également auprès de vous inscrivent infatigablement sur leurs affiches et de même font représenter l'*Avare, Tartufe,* les *Femmes savantes,* le *Misanthrope,* etc.; profitant de la parenté d'âme, de verbe et de sens qui nous unit, ces pièces transplantées chez nous avec tout leur terroir y retiennent la saveur d'une origine qui nous est chère.

C'est donc sous forme d'égoïsme que nous saluons dans l'œuvre de Molière cette clarté, cette souple ordonnance qui font de lui à la fois le plus universel et le plus français des créateurs, celui qui ne saurait vous être ravi sans que, pareil au feu du ciel, aussitôt vers son foyer il ne remonte et nous fasse paraître plus intense encore la flamme dont il a jailli.

Il n'est du reste pas de Français qui, venant chez nous et entendant nos excellents acteurs amoureusement interpréter Molière et le public avec frénésie l'applaudir, ne pourrait à son glorieux compatriote déclarer : « La place m'est heureuse à vous y rencontrer », car en nul lieu autant que sous notre ciel Molière ne propose et n'explique les motifs de l'admiration fidèle et consciente qu'une fois de plus nous témoignons à la France et à son Parisien merveilleux.

DISCOURS DE M. M. H. CORNEJO

Ministre du Pérou.

Les fêtes du tricentenaire qui se terminent aujourd'hui nous ont fait ressentir l'émotion d'un grand souvenir, la beauté d'une gloire et la consolation d'une justice, que le temps a purifiés et consolidés.

On a réussi même à atténuer le risque de tous les centenaires : l'abondance des discours, qui s'accroît quand on invite des délégations étrangères, car celles-ci se croient obligées de dire quelques mots, bien que cette obligation soit la seule qui n'intéresse nullement le créancier, mais que le débiteur tient à honneur de remplir. Que la vie serait douce si tous les débiteurs avaient eu le même entêtement pour payer.

Quelle fierté pour qui a foi dans le génie novateur de la France de pouvoir proclamer que même dans le grand siècle des chefs-d'œuvre définitifs, il se trouvât un Molière pour représenter le commencement d'un nouveau cycle, d'une idée et d'une forme nouvelle. A côté de l'épopée ou du lyrisme classique, cornélien ou racinien, Molière c'est le vrai créateur, c'est l'avenir qui enfante le réalisme audacieux, la finesse psychologique, le sourire sceptique du théâtre moderne. Peut-être, pourrai-je dire avec un peu plus d'autorité, représentant un peuple de l'autre hémisphère, que les créatures de Molière ont un tel souffle de vie qu'elles ont vaincu les limites étroites de la vie réelle, le temps et le milieu. Quand on joue du Molière au Pérou et que je vois la foule péruvienne comprendre et s'amuser, j'admire ce qu'on appelle le sens de l'universel qui est le privilège de la pensée française.

Sans doute, les grands écrivains de toutes les races ont le sens de l'universel, mais jamais au même degré ni de la même manière ni pour les mêmes raisons.

En France, il appartient aussi aux héros, aux tribuns, aux hommes d'État français. Il forme presque la nature du Français. Il a sa racine dans cette sympathie humaine, profonde, sincère, spontanée qui vient du cœur et des entrailles.

C'est par cette sympathie humaine que la France occupe dans l'histoire profane la même place que le peuple élu dans l'histoire religieuse.

Comme les prophètes d'Israël, mais dans un champ plus difficile par son réalisme, l'esprit français a eu l'étonnante mission de personnifier dans la pensée et dans l'action, dans la littérature et dans l'histoire, l'anxiété et les douleurs, les passions et les rêves d'une humanité qui cherche l'équilibre impossible entre l'idéal et la réalité.

La France a fait, dans l'histoire, ce que Molière a fait dans le théâtre. Comme lui, elle a eu l'intuition de l'essentiel, la vision de grandes choses; comme lui, elle a donné aux rêves son sang, son cœur, le souffle de sa vie pour transformer les rêves en réalités.

Enlevez la France de l'histoire et le drame poignant deviendra de la chronique. Vous aurez enlevé le frisson, la fièvre, la lumière d'un idéal qui, malgré sa hauteur, reste fécond et pratique.

Supprimez les croisades, le christianisme vaincu, la civilisation occidentale serait morte avant de se développer. Supprimez la Révolution, l'ombre du despotisme européen restera dans le Nouveau Monde une nuit sans aurore. Supprimez la Marne et Verdun, la réaction asiatique enveloppera l'Europe et menacera l'Amérique.

Chrétiens, soldats, citoyens, cherchant le tombeau d'un Dieu en Orient ou le berceau de la démocratie en Amérique, ou les nouvelles formules du droit dans les barricades de Paris, vous, Français, représentez la noble aventure, la grande pérégrination de l'idéal à travers les déserts qui séparent l'instinct de la raison humaine.

Vous avez réussi à donner à la civilisation moderne une âme française, éprise de liberté et de droit, de sentiments humains.

Voilà pourquoi vos héros, vos penseurs, vos poètes appartiennent à l'humanité. Ils ont construit les pyramides morales, les grandes pyramides qui occupent, comme des phares, l'horizon de l'histoire.

Le Pérou, un peuple latin, une démocratie américaine qui aime la France comme sa mère et Paris comme la capitale de sa race et le foyer qui illumine sa pensée, est fier de rendre hommage au plus français et au plus parisien des écrivains : au grand Molière.

DISCOURS DE M. OTOKAR FISCHER

Professeur à l'Université de Prague.

Entre votre littérature et les lettres tchèques que
j'ai l'honneur de représenter, il y a beaucoup de
différences dont la plus grande est, à mon avis,
que vous avez produit quantité de comédies très
gaies et très spirituelles, tandis que, pour nous
autres, écrire une comédie, écrire une vraie comédie, c'est un rêve, c'est une ambition. Mais si j'ose
prendre la parole, je ne parle pas seulement en admirateur et traducteur de vers français et en ci-
toyen d'un jeune État d'une vieille culture, mais en
même temps comme membre d'une Université
qui, étant la fille de celle de Paris, est très
fière d'être la plus ancienne de toute l'Europe
centrale. C'est la concordance harmonieuse entre
la science et les arts qui m'a ravi pendant ces

jours de fêtes, dès leur commencement solennel à l'amphithéâtre de la Sorbonne.

J'étais assis, par hasard, immédiatement derrière l'habit vert d'un auteur dramatique et tout près d'un autre académicien, l'auteur de l'habit vert, et, de ma place, j'ai pu voir non seulement le président d'une puissante république qui avait l'air de s'amuser fort bien, non seulement un ministre de beaux-arts qui, en sa qualité de protecteur du théâtre, admet tous les genres, hors le genre ennuyeux, mais j'ai vu aussi trois hommes qui, en face de la grande fresque de Puvis de Chavannes, ne faisaient point l'impression de s'ennuyer quoiqu'ils eussent déjà franchi le seuil de l'éternité. Le premier, avec l'ambition de discerner clairement et selon une méthode logique, c'était René Descartes; l'autre, plongé dans ses pensées, se nommait Blaise Pascal; et au-dessous du troisième qui penchait son oreille aux discours sur Molière d'une façon très attentive, je pus lire le nom de Lavoisier. Tout d'un coup, un mouvement très léger et très clair sembla passer sur ces trois figures de marbre; mais elles ne riaient pas : car le rire est un peu trop lourd pour ces régions d'âme où tout est nuance et rien que nuance.

J'ai compris le secret de ce mouvement deux jours plus tard lorsque, conduits dans une des salles de la Comédie-Française, nous nous trouvâmes devant le plus touchant monument d'une bibliothèque molièresque : devant le programme d'une représentation de l'*Amphitryon* donné pendant ce funeste mois de janvier 1871 où la ville de Paris était assiégée et bombardée. Jouer Molière au moment d'un tel danger, c'est mêler la fantaisie au tragique, l'esprit alerte à la fierté, l'ironie au courage, c'est mêler le sourire à l'héroïsme. Oh, le sourire! C'était un sourire céleste qui avait éclairé les trois figures immortelles, le sourire qui est le reflet de la divinité et bien au-dessus encore du rire auquel on a, en philosophie, consacré des analyses démontrantes que c'était la faculté par laquelle le genre humain est supérieur à tous les êtres vivants. Mais le sourire...

Quand le bon Dieu, par l'intermédiaire de vos artistes, a fait bâtir votre ville, il la trouva grande et belle, et sourit; quand la Muse de la comédie fit naître de votre race celui que nous venons de fêter, elle fut enchantée de son œuvre, et sourit; quand le génie latin a mêlé dans votre tempérament la science à l'art et l'art à la science, il vit que c'était bien fait, et il sourit. Car le sourire, c'est le moyen le plus sublime de subir un grand sort, et c'est peut-être le seul moyen de supporter l'immortalité.

DISCOURS DE M. LE JONCKHEER
VAN DEN BERCH VAN HEERNSTEDE

Délégué du Comité de la Haye et de l'Alliance française.

Si après les discours éloquents que nous avons
eu le plaisir d'entendre et d'applaudir, j'ai eu la
témérité de demander la parole, c'est qu'un devoir
impérieux me dirige.

Il y a une grande famille, répartie je crois dans
tous les pays, réunis autour de ces tables, une famille qui pourrait porter comme devise : « Propa-
geons le goût pour la culture française, l'art et l'esprit français partout et toujours. »

Cette famille est devenue si nombreuse aujour-
d'hui que, si elle s'était rendue toute à Paris, on
n'aurait pu trouver dans cette ville une salle assez
vaste pour la contenir. C'est pourquoi elle a demandé à quelques-uns de ses membres de venir

ici, et je suis heureux de pouvoir être ce soir le porte-voix de ses descendants à la Haye, pour vous dire, Mesdames et Messieurs, que nos cœurs battent à l'unisson avec le vôtre, pour vous dire toute l'admiration et tout l'amour que nous avons pour votre littérature et le théâtre français.

Vous avez sans doute déjà compris que je parle au nom du Comité de La Haye de l'Alliance française, cette union des amis de la France qui disent, comme l'a dit votre poète Henri de Bornier dans sa pièce, *la Fille de Roland:*

Tout homme a deux pays, le sien et puis la France.

Et vous comprendrez aussi que, lorsqu'il s'agissait de commémorer celui dans lequel l'art de votre langue et l'art de votre théâtre se trouvaient mariés le plus heureusement : Molière, qui par son génie n'appartient plus exclusivement à la France, mais qui a désormais comme patrie le monde civilisé tout entier, nous ne pouvions rester absents, qu'il nous fallait dire ce que nous éprouvons en cette heure.

Déjà le délégué de mon pays vous a dit que sur toutes les scènes principales néerlandaises et dans tous les journaux hollandais, ces jours-ci le nom de Molière figure en tête.

Je suis heureux de pouvoir y ajouter que nous aurons le plaisir de voir l'Odéon chez nous, d'entendre une pièce de celui vers lequel vont nos pensées, dans sa propre langue, dans ce français parisien, dont la musique a un charme si doux et si captivant, qu'elle a conquis le monde.

Mesdames et Messieurs, bientôt nous allons regagner nos foyers, y apportant le souvenir de ces journées inoubliables. Pour les uns ce sera ceci qui les aura frappés tout particulièrement, pour les autres cela.

Permettez-moi de vous dire ce qui m'a donné la plus grande émotion.

Cela a été le moment solennel, hier après-midi, à la fin du gala à l'Opéra, lorsque Lucien Guitry s'avança pour nous dire que l'heure exacte était venue à laquelle, il y aura bientôt deux siècles et demi, Molière fut atteint du coup qui devait l'emporter. Et lorsqu'il demanda aux actrices et acteurs de Paris, réunis sur la scène, de se lever quelques instants dans un recueillement ému en hommage à celui qui fut un de leurs plus grands. Et quand, à cet appel, non seulement ceux qui ont le privilège de faire revivre devant nous toutes les émotions humaines, mais la salle tout entière se dressa debout, que quarante-quatre nations baissèrent la tête devant la gloire immortelle de Molière.

Nous sentions tous à ce moment qu'un lien nous réunissait, et c'est cette union qui est indispensable aujourd'hui pour guérir notre humanité des maux dont elle souffre.

Mesdames et Messieurs, si j'osais, je vous demanderais de vous lever encore une fois avec moi, dans un sentiment de reconnaissance envers le pays et la ville qui donnèrent au monde le génie de Molière, pour exprimer toute notre admiration et tout notre amour pour la France éternelle.

TABLE

17 *janvier* 1922.

Réception des Délégués étrangers
à l'Hôtel de Ville.

Discours de Messieurs :

18 *janvier* 1922.

Réception des Délégués étrangers
au Cercle interallié.

Discours de Messieurs :

ACHEVÉ D'IMPRIMER LE VINGT-DEUX
FÉVRIER MIL NEUF CENT VINGT-TROIS
PAR L'IMPRIMERIE E. ARRAULT ET Cie,
A TOURS.